U0015510

失心瘋！

我愛東京旅遊

2024
全新出發

全日本也適用

Vera —— 著

目 錄

Chapter **1**

本書使用說明

大家好久不見！

我是 Vera，我回來啦～

經歷了一個疫情，3 年過去，我們身邊的事物都改變了好多！以前出過的幾本日本旅遊書，很多內容也已經不復存在，不少日本的店家撐不過去紛紛關閉，也很多服務不如以往，因為觀光人潮大量減少而取消。全世界的部分生活型態被改變，例如無接觸的支付方式變多了，以往還不太推廣行動支付的日本，因應著疫情也跟著作出轉變，還有一個大改變就是，入境日本需填寫的入境卡，也從以往的紙本轉為線上填寫！

雖然改變需要很長的適應期，疫情後也開放了一年多，仍有許多海外遊客不熟悉新的作法，但整體來說是朝著更方便的未來前進。這本書就讓我來跟大家分享，疫情後有哪些推薦的地方吧！

因應數位化時代，本書中提到的店家或商品，會以 QR Code 提供相關網路連結，如官網、介紹文、Google map 資訊、優惠券等，方便大家直接用手機掃描使用！

新疫後時代的
日本旅遊新知

01　新的入境方式 / 進入日本前

Visit Japan Web
入境手續的線上服務

2023 年 4 月 29 日開始，入境日本不需要檢疫資料
（PCR 證明）囉！

原本入境日本時需要填寫的「入境資料卡」和
「海關申報單」也因為疫情關係，改為線上事先
填寫，以減少接觸來預防病毒傳播。線上填寫需透過
Visit Japan Web 網頁，填寫的資料也與先前紙本上要填的內容

相同，包含基本資料及赴日住宿地點等，所以內容
上並無差異，只是改為線上作業。目前日本入境是
「紙本」和「VJW」並存，任選一個方法填寫入境
資料都可以。未成年的小孩可以填寫在父母名下的
「同行家人」即可。

02　新的出境方式 / 離開日本時

一般檢查完行李後，會先經過稅關，
接著要排隊給海關蓋出境章，但現在
也不用蓋章囉！全面改為顏認證機
器，只要刷一下護照就能直接出境去
搭飛機，外國人跟日本人都一樣，不
再有海關蓋出境章囉！減少了人力作
業，搭飛機變得又快又方便了～ 護照
的使用期也跟著減少的印章而延長許
多，不會這麼容易被蓋滿了。

03 新的退稅出關方式

現在日本的「免稅手續」都改為電子化作業，一方面節省時間、人力、複雜程序等，同時也減少紙張和接觸，也是因為疫情的關係，加速了日本觀光走向便利性的電子化時代。

電子化之後的「退稅差異」為以下幾點：

❶ 購買商品辦理退稅後，不再有紙張貼在護照上。

❷ 不需要再簽名任何東西。

❸ 離開日本時，檢查行李後，經過稅關，要刷一下護照確認已將免稅品帶出境。

電子化作業
退稅差異

04 新的無購物袋模式

自從 2020 年開始，日本實行減塑計畫，便利商店不再提供一次性塑膠袋，各大商場及店家多數也改為提袋收費制，不再免費提供。提袋價格從日幣 2 圓到 50 圓都有，看袋子的大小及耐用度而定。所以現在去日本店家消費，結帳時店員都會多問一句：「請問有袋子的需求嗎？」建議大家可以結帳前就先準備好購物袋，結帳完就能直接裝袋完成唷！

減塑計畫
提袋收費制

05　**新的自助結帳模式**

現在全球人力資源短缺，不只台灣，日本許多店家也遇到找不到人的狀況，所以開始大量引進自助結帳系統，目前在日本的便利商店、超市已經非常常見，幾乎各家都設置了這樣的專區，使用率也非常高。想見接下來日本會有更多服務轉為無人的自助系統或是改由 AI 替代的方案。

06　**新的無現金支付模式**

一個疫情真的改變了好多，日本目前除了推廣自助結帳外，更用力宣傳「無現金支付」，呼籲大家多利用感應付款、信用卡、電子支付等方式購物。同時解決無人力收現金並且減少計算出錯率的問題，此外也減少接觸感染的機會，接下來我想會更擴及所有店家及服務。

無現金支付

東海道、山陽、九州、西九州新幹線
事先預訂制

baggage160

攜上特大行李
應預訂行李放置
處附帶席。

07 搭新幹線部分地區
要預約使用大行李座位

目前 JR 西日本及 JR 東海道都在推行搭乘新幹線
需預訂使用大行李座位的政策,從靜岡到九州這
一段都加入此推廣,主要是為了讓攜帶大行李的
旅客能夠有更舒適的搭乘,預約大行李座位是無
需另外付費的,只需提前預約即可,可在線上預
約或車站綠色窗口預約。

JR 東日本、東北及北海道目前則無此限制。

08 iPhone 綁 Suica、Andriod 綁 ICOCA

日本推行手機綁定交通卡已經有一段時間,從疫情前就開始鼓勵
大家把實體西瓜卡轉為手機版本,如此一來進出車站只需感應手
機,隨時要加值也都能線上付費完成,非常方便。目前仍然是 iOS
系統比較能順利使用手機版,Android 系統則需搭配日本才有的內
建程式才能使用,海外的 Android 使用者還須再等等。

Chapter **3**

必吃必買必訪
總整理

必買經典藥妝

" 提起日本購物，大家都不會錯過的，一定就是藥妝店。日本藥妝店真的非常好逛，不只是商品選擇種類多、定期有新品、價格也都比台灣便宜許多！所以大部分台灣、港澳、星馬的朋友到日本旅遊都一定會購入不少藥妝商品。而日本的藥妝品也有很多已經熱賣數十年，甚至流傳上百年，能夠成為熱銷經典不敗一定有它受歡迎的地方，這篇就來分享這些最經典的藥妝商品。

01　WAKAMOTO

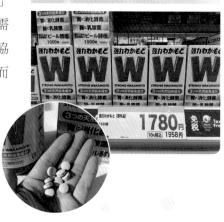

這款真的是老字號的腸胃保健品，許多台灣人到日本旅遊，都一定會帶回一兩罐WAKAMOTO。這罐主要是針對：消化、整腸、營養補給這三種功能的腸胃保健品。採用三種天然由來成分幫助腸胃消化和改善食欲不振等症狀，「アスペルギルス　オリゼー NK 菌培養末」幫助腸胃消化代謝、「乳酸菌培養末」助整腸改善便祕、「乾燥酵母」提供身體所需的營養。WAKAMOTO 內含的乳酸菌能夠協助抑制腸內害菌，讓便便軟化、好排出，進而改善便祕的情況。一般建議用在吃得過多、消化不良、便祕等情況時，5 歲以上就可以服用，老人家也適用，一天最多三次，建議餐後使用喔！

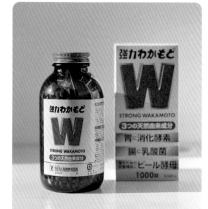

官網

02 Asahi 膠原蛋白粉

這款 Asahi 金色版膠原蛋白粉（パーフェクトアスタコラーゲンパウダープレミアリッチ）我吃了快 10 年，真的是所有我吃過的膠原蛋白粉中最喜歡的。疫情解封後，發現它改包裝了，新款最大的改變就是成分更新，新增了檸檬香蜂草提取物＆三種維他命 B 群。這款台灣一直都沒有賣喔，透過日本藥妝店或網購等管道才買得到。Asahi 的金色版膠原蛋白粉粉質很細，聞起來有淡淡奶香，溶解速度超快，加在冷的或熱的都可以，它不會改變原本食物的味道，身邊很多朋友都覺得這款接受度最高。我覺得升級款的喝起來跟原本的沒有太大不同，不用擔心會有奇怪的味道，想購入膠原蛋白粉的朋友可以參考參考！

膠原蛋白我其實都習慣早上吃，跟著早餐一起吃，建議大家可以依照自己的生活方式來使用，不需要特別改變自己的生活。這款金色版膠原蛋白粉加在各種飲料和食物裡都是可以的，我偶爾會加在咖啡、優格、豆漿等，不管冷的熱的都不會結塊，這點真的很棒！

官網　　　介紹文

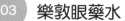

03　樂敦眼藥水

講到日本的眼藥水，絕對會提到的就是「樂敦製藥」。最基本的綠色款 V 系列、年輕女生最愛的粉色款小花和勁涼的 Z! 系列到頂級 V 系列的 4 款眼藥水，這些都是大家到日本旅遊常買的眼藥水商品，清一色都是樂敦，可見樂敦在眼藥水方面真的是首屈一指的專業品牌！

前面提到的各款眼藥水，我過去全都買過，每一款針對的訴求都不相同，都很好用。不過最近我特別推薦新升級的頂級 V 系列，藍色款是最強全能型藍鑽眼藥水，使用了日本國內允許添加的最多種類的 12 種有效成分，能夠幫助改善眼部疲勞、眼睛發炎和淚液不足等情況，完全符合每天大量使用 3C 的現代人的需求，不分年齡和性別，這款是最適合全年齡層一般大眾使用的。而另一個紅色款是針對年齡與眼疲勞的紅鑽眼藥水，則是適合年長者使

用，針對因為年齡增長出現的眼睛疲勞、視力模糊等症狀做改善，含有維他命 A 能夠幫助淚液分泌，使淚液穩定、減少乾燥。同時也含有促進新陳代謝的 4 種營養成分，讓眼球細胞更有活力，有長輩眼藥水之稱。

官網　　　介紹文

04 樂敦腸胃藥

很多人不知道，眼藥水很出名的樂敦製藥，其實最早是做腸胃藥起家的，而且已經有120多年了…「パンシロン」（Pansiron）這款胃藥在日本也已經賣了60多年，長期以來一直很受歡迎，同時也不斷改良成更有效且更好服用的樣式。最近發現他們又出了新款，綠款針對一般人、紅款針對年長者。綠色款有「細粒型」和「錠劑型」兩種，空腹時也可以服用，能夠抑制胃酸、中和胃酸、修護胃黏膜。因為含有陳皮，可以健胃助消化，很適合忙碌的上班族！如果出門玩臨時胃不舒服，用這款也可以迅速緩解唷～

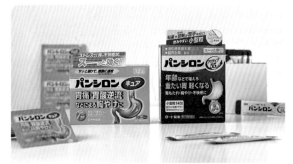

隨著年紀增長，總是吃一點點就吃不下？或是吃完很久了但感覺還是不消化嗎？那你可以試試看這個紅色款，特別針對中年以上的胃

藥，成分包含三種消化酵素、陳皮、厚朴和桂皮等中藥，可以幫助胃恢復元氣及活動力。這款有做成小顆錠劑，很容易服用，也不會有苦味！因為年紀關係而胃不適的朋友，可以試試唷！

官網　　　　介紹文

05 大正製藥パブロンゴールドＡ〈微粒〉綜合感冒藥

這款綜合感冒藥，是我家阿嬤每次都託我買的一款，持續購入應該有至少 12 年了！前些時候跟朋友聊起這款感冒藥，才發現原來不只我家阿嬤愛用，而且每家的阿嬤都很愛啊，一代傳一代，現在不只阿嬤們，很多年輕人也都會購入這款了。大正パブロン系列，在台灣最受歡迎的就是ゴールドＡ〈微

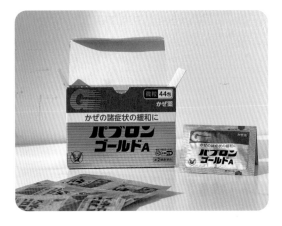

粒〉，內含 7 種成分能夠緩解咳嗽、生痰、喉嚨痛等症狀。會這麼受歡迎主要是因為它是小包裝，分開來隨身攜帶很方便，像我家就是家裡、公司、包包、旅行箱內都會各放幾包，萬一急需要用就隨時都有。內容物是微粒的形式也好吞嚥，不會太大顆卡卡的，對老人和小孩都比較適合。不過當然，大家會持續購入就是覺得有效，有時候覺得自己好像快要感冒了，就趕緊吃一包然後去睡覺，通常很快會好起來（個人經驗）。12 歲以上才能服用，一天最多三次，飯後配水即可喔！

官網

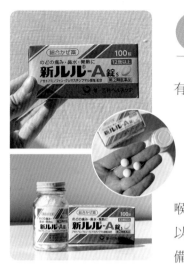

06　第一三共 新 LULU 綜合感冒藥

有一款日本感冒神藥你一定也聽過，就是「ルル（LULU）」。就算自己沒吃過，也一定都有聽過對吧！

這款是日本第一三共旗下的感冒藥系列，除了我們常見的糖衣錠類型，另外還有飲品、噴劑等等，主要能協助緩解感冒時的 11 種症狀，像是發燒、鼻水、鼻塞、喉嚨痛、畏寒……等情形，因為適用的症狀很廣泛，所以一直是很多人愛用的常備感冒藥，只要備著 LULU，就不怕突然身體不舒服。新

官網

ルル A ゴールド DX α，7 歲以上就能服用，一天最多三次，飯後配水就可以喔！另外兩款是 12 歲以上才能服用喔！

07　救心

如果你在日本藥妝店逛很久都不知道要買什麼，那我會推薦可以買這款「救心」放著備用。這個藥不是平時天天需要，但若真的遇到緊急情況時，有它就能比較安心。這款藥主要是急救用，針對突然的心悸、呼吸急促、意識不清、突發性暈眩……等危急情況使用，成分全部都是天然的生藥，以藥草及漢方的形式來救急，不是化學成分的西藥喔！適合的對象並不分年紀，而是針對各種可能遇到的緊急情況來決定對象，從小朋友到老年人都可能需要，特別像是爬階梯喘不過氣、登山或大量戶外運動時、氣溫強烈變化、連續熬夜加班傷神、搭乘長途飛機時等等，所以真的推薦可以放一罐備用。15 歲以上一次兩顆，一天三次，吃的時候建議放在舌下，可以更快速吸收喔！

官網

08 大塚製藥 H 萬用軟膏

萬用軟膏很多人都是買小護士曼秀雷敦，但其實在日本，這款大塚製藥推出的「オロナインH軟膏」也非常受到愛戴，許多日本人家庭都是放這罐作為家庭常備萬用軟膏。它真的非常萬用，所有皮膚上需要殺菌消炎的傷口都可以使用，舉凡燙傷、刀傷、蚊蟲咬傷甚至是臉上痘痘都能

官網

使用，也是放一罐在家就非常安心的藥品。主要成分是「クロルヘキシジングルコン酸塩液」，可以殺菌、消毒，不含防腐劑，也沒有類固醇，幼兒也可以使用。藥膏的尺寸也有很多種，從小支的 11g 裝、30g、100g 到 250g 都有，推薦大家有機會可以試試看這款喔！

09 太田胃散

日本真的很多款藥品都遠近馳名，像這個「太田胃散」，大家也一定都聽過吧！「太田胃散」也是經典老牌了，1879 年於東京創立，已經 144 年，而且從一開始就是做胃散，非常堅定且專業的品牌啊！他們推出很多種胃腸藥和整腸藥，但最受歡迎的還是經典的罐裝粉末款「胃散」，總共有三款：罐裝、小包裝、錠劑。罐裝款最適合一般放在家裡使用；小包裝則適合攜帶外出，因為都分成一小包一小包，帶出門很方便，也不容易會受潮、變質；而錠劑款則適合不喜歡粉末的人，所以每款都有存在的意義。太田胃散最主要的功能就是改善胃脹氣和消化不良，成分配合7種健胃生藥、4種制酸劑及消化酵素，可以改善胃部灼熱、飲食過量、胃痛、消化不良、胃酸過多等症狀，每次吃一小匙，一天三次，未滿 8 歲不能吃。我自己最常備的是小包裝款，因為常常出差工作，帶在身上備用很方便，有時晚餐吃得很晚或很多，吃完後覺得不太消化我就會吃一包，很快就會感覺舒服許多，而且胃散的粉末吃起來涼涼的，我自己覺得滿舒服、不會難接受。

官網　　　介紹文

10　小林製藥命之母

「命之母」是小林製藥的經典商品，明治
36 年（1903 年）推出，至今已經有超過
100 年歷史。一開始推出的是漢方類型的煎
藥，後來因應時代變化，陸續推出錠劑和糖
衣錠等，直到昭和 48 年（1973 年）出現了販售至今的「命之母 A」。「命之母」
分為三個系列，很多人以為命之母是給已經更年期的女性吃的，其實錯了，他們分
很多種，有給年輕族群的藍色款、剛開始有更年症狀的粉色款及已經進入更年期的
紫色款，是女性生理症狀的好朋友。

※ 藍色：月經來時會因為賀爾蒙因素而引起不舒服的人
※ 粉色：剛開始有更年期症狀時的人（約 40 ～ 50 歲）
※ 紫色：已經進入更年期的人（約 55 歲以上）

上面提到的年齡，是我大概抓個範圍給大家參考的。建議還是要依照自身的狀況來
挑選適合的產品唷！藍色款主要針對月經不順，容易經痛、腰痛、頭痛、貧血等等，
因為賀爾蒙因素而不舒服的女生吃的，內含 11 種生藥成分，藥性比較溫和一些，
有這方面困擾的年輕女生可以試試！

※ 如果長期經痛不適，建議先找專業的醫師諮詢 ※

粉色款則是針對開始有更年徵狀的女性，因為賀爾蒙的
變化引起自律神經失調，開始出現盜汗、心悸、熱潮紅

等狀況，採用 13 種生藥成分和 11 種維
他命，幫助改善各種不適的更年症狀。
一次四顆，一天最多三次，飯後配水
即可服用。

官網　　　　介紹文

必吃美食推薦

世界公認食物最美味的地方 —— 日本。來到日本怎麼可以不多吃點美食？很多人到日本，除了三餐，一定還會外加下午茶、甜點、消夜等等，沒辦法，日本的美食真的太多了，經過日本人的巧手後都變得加倍美味。所以真心推薦大家，有機會到日本玩，美食請一定不要客氣的大口享用，不然回台灣後才後悔沒多吃一點就來不及啦！

拉麵

01
銀座 篝

排隊吃拉麵真的不是我平常會做的事，但最近特別想找些不同以往的食物來吃，所以決定來這間久仰大名的「銀座 篝（かがり，Kagari）」朝聖一番！

「銀座 篝」拿過好多次米其林必比登推薦，最出名的就是他們獨家熬製的雞白湯湯頭。以往我吃拉麵從來沒有喝拉麵湯喝到最後都不覺得膩，這次在銀座篝是第一次，真的喝到最後都不膩，非常厲害！我吃的是 5 號的「特製雞白湯 Soba」（日幣 1,500），乳白色不透光的濃郁湯底，完全是這間店的靈魂，以全雞和雞骨慢煮熬製的湯，香濃而不油膩，搭配上別具新意的玉米筍、南瓜、番茄等蔬菜，整體跳脫傳統拉麵帶給人過度濃郁的感受，我覺得非常好吃，也更適合怕油膩的女生吃！因為是必比登推薦，所以還是需要排隊，大概 10:00 左右到即可，11 點會準時開門。對了！目前是進店前先點餐且收現金喔！

特製雞白湯
Soba

¥1500

介紹影片　　　Gmap

拉麵

02
銀座 八五

不同於前一家直接到現場排隊,「銀座 八五」是我第一次特別早起去拿號碼牌的拉麵店。這間近期在網路上話題延燒非常熱烈的銀座拉麵店,雖然從 2018 年開業以來就很受歡迎,但因為 2022 年小賈斯汀快閃東京也特別跑來吃,所以近期真的是紅到發紫,讓我也忍不住跑來一試!

店名取為銀座 八五是因為店內只有 8.5 坪,且用餐座位只有 6 個,以吧台形式待客,風格與一般拉麵店很不一樣。銀座 八五拉麵的特色,是看似清淡如水的湯頭,這是主廚松村先生以法式料理概念所發想的特製湯底,使用雞肉、鴨肉、扇貝及蔬菜熬製而成,喝起來層次十分豐富。麵條部分也不馬虎,是由淺草名店特製僅提供銀座 八五使用。不過,現在回想起來更令我印象深刻的是那軟嫩得入口即化的厚片叉燒,原本我以為這樣厚度的叉燒肉肯定偏硬,結果我大錯特錯,這低溫熟成的肉完全是用舌頭就能分散,從來沒吃過這樣口感的叉燒肉啊,太銷魂了~

目前店家已經有開放線上預約了,想嘗鮮的朋友,記得先上他們官網看詳細資訊!

使用雞肉、鴨肉、扇貝及蔬菜熬製而成

Gmap

帶骨炸豬排
（骨付とんかつ）

03
富士㐂

日本的炸豬排餐廳非常多，各家都獨具特色，但上回吃到這一間更讓我驚豔，是主打有帶骨豬排的豬排店「富士㐂」。這間餐廳在人形町站附近巷內，裝潢非常有特色，濃濃日式和風味。推薦大家，既然來到這裡，一定要點一份招牌的帶骨炸豬排（骨付とんかつ）來吃吃看，跟一般無骨的豬排吃起來不太一樣，肉排本身就已經調味了，不沾醬就很好吃，尤其是骨頭邊的肉，又軟嫩又有咬勁，非常好吃！餐點都是現點現做，所以一上菜時非常香，外層的皮極度酥脆，特別推薦一送上來就馬上吃，千萬不要等太久，味道會隨著時間變化。但要提醒大家，帶骨炸豬排的分量非常大，一份有300g，日幣 2,400，而且這是單點的價格，白飯和菜需要另外加價喔！因為分量真的有點多，建議女生兩人以上一起來分食比較理想，但如果是男生來吃，分量可能就滿足的剛剛好！平日晚上用餐人潮不會太多，推薦可以平日去唷～

介紹文　　　Gmap

牛舌
定食

04
ねぎし（Negishi）

日本旅遊的用餐選擇，我想有很多人都跟我一樣，每趟去日本都至少會吃一次牛舌定食。因為這是在台灣比較少見的，一般在台灣吃牛舌，大多都是到燒烤店單點，以定食方式提供的餐廳較少，相反的，日本有非常多提供牛舌定食的餐廳，而且很多是連鎖店，在日本各地都能吃到。

其中我最喜歡的一間，就是「ねぎし」，這家 1981 年創立已經有 40 多年歷史，是東京地區吃牛舌定食的定番選擇之一。「ねぎし」的特色是他們的山藥泥、麥飯和牛舌組合出的絕妙搭配，吃起來很不一樣，特別是把這三樣經典一口放進嘴中時，山藥泥的柔軟、麥飯的嚼勁、牛舌的軟嫩 Q 彈，全部都被提升更高一個層次，真的是東京必吃的牛舌定食啊！而且「ねぎし」還有不同部位、厚薄度、片數、分量可選擇，價位也從親切的日幣 1,000 出頭就有，真的很適合旅人品嘗～ 我最推薦的招牌套餐是「まるねセット」，可一次吃到白牛舌和紅牛舌兩種口感，其實紅白牛舌的差別在部位，紅牛舌是舌頭前端、白牛舌是舌頭後端，大家可以吃吃看差異喔！

牛たん 3 種盛りセット
紅牛舌＋白牛舌

官網

 壽司

根室花丸

來吃這家真的要做好排隊的準備！不想排隊排太久，強烈建議要在開門前30分～1小時前到，等待時間會短很多唷！「根室花丸」是近幾年超熱門的壽司名店，從北海道紅到東京，幾乎天天都大排長龍，沒排絕對吃不到的那種。會這麼紅不是沒有道理，根室花丸所有食材都是北海道來的，非常新鮮沒話說，而且價格也很親切，壽司一盤日幣143起，最貴的到日幣638，算起來真的都不貴，不只海外觀光客喜歡，也非常多日本人都愛專程去吃根室花丸。上次在這吃了一盤北海道生干貝，整個疊了三層高，鮮度完全就像剛從大海捕撈起來的感覺，超清甜、超美味，換算下來一盤才台幣145左右而已！他們的招牌還有一碗花咲蟹味噌湯（花咲蟹鐵炮汁），裡面直接放入大隻的蟹腳超霸氣，這碗鐵炮汁是根室花丸的人氣商品，加入花咲蟹熬煮的味噌湯，喝進嘴裡有濃濃的海味，給它的評語就一個字「鮮～」。這裡也提供很多熟食的壽司，生魚片接受度較低的朋友也能輕鬆入座享用，選擇也很多，炸蝦卷、茶碗蒸、各種炙燒等，也都非常好吃喔！不過同樣提醒大家，根室花丸的排隊人潮不是蓋的，有想去吃要趁早去排，才不會等太久～

介紹文　　　官網

烏龍麵　06 — 五代目花山うどん

喜歡吃麵食類的嗎？那有機會到東京，你一定要去吃這家「五代目花山うどん」。「五代目花山うどん」是來自群馬縣的烏龍麵老牌名店，創業超過百年，目前已經傳到第五代。他們家的烏龍麵非常特別，有一款跟一般筆狀麵條完全不同，是寬版像瀑布一樣，叫做「鬼ひも川」，這是大正時期由二代目研發出來的，因為寬度有 5 公分，造型獨特，所以變成當店主打特色。因為聽聞這款寬麵條超級 Q 彈，所以我也跑去朝聖。吃到之後真的被它的彈牙程度驚豔，麵條好 Q 好有彈性，感覺根本是在嘴裡跳了一場舞，非常活潑的一碗麵！提醒大家，在日本吃烏龍麵通常可選熱食或冷食，一般想要 Q 彈的話，選冷的準沒錯。建議大家既然來到這間店，當然要試試看寬度 5 公分的鬼ひも川，真的會顛覆你以往對烏龍麵的既定印象喔！但也先提醒，這家店目前仍然每天都需要排隊，銀座店是人潮最多的，可以的話我建議去日本橋店，大約開店前半小時到就能第一輪進去喔！

介紹文　官網

蛋包飯

07
喫茶 YOU

說到東銀座一帶的排隊美食，不能不提的還有這家「喫茶 YOU」。不說別的，光是我自己經過這裡 5 ～ 6 次，就幾乎每次都看到大排長龍，而且是認真的排很長喔，不是排了 10 幾個人，是排一長條至少 20、30 人以上那種，超級誇張！但也不得不說，實際吃了之後，也懂了為什麼天天都排這麼多人？因為它的蛋包飯真的很特別啊，超級滑嫩，奶香味十足！滑嫩到你輕輕移動一下盤子，上面的蛋包都會抖來抖去的，光是看它抖抖抖就好紓壓～ 蛋包內的番茄炒飯有加入一些些洋蔥末，沒有其他配料，吃起來的口味比較單一，但因為真的很香濃，還是很值得一吃！分量不大，對男生來說可能有點空虛，建議要加大，不過上菜速度很快，點餐完後約 10 分鐘就來了，一下子就能吃完，翻桌率很高。大家想朝聖的話，建議 10:00 左右來排第一輪進場，就比較不用等太久喔！店內只能現金付款～

Gmap

燒肉

08
蕃 YORONIKU

來到日本，怎麼能不吃和牛燒肉呢？位在惠比壽的這家「蕃 YORONIKU」，已經連續 6 年拿到 Tabelog 銀賞，同時也是百名店的知名餐廳，在東京如果提到知名的和牛燒肉店家，都一定會有它，每天晚上的預約都是額滿的，想吃必須提早一個月左右先訂位。這間餐廳的特色是肉品極為新鮮，選用上等的肉質及部位，由專業的燒肉職人精心調理，每一道肉品的處理方式及調味都各有不同，一趟吃下來像是體驗一場頂級食材之旅，旅途中處處有驚喜，不會讓人感到了無新意，專業的桌邊服務也讓人很滿意，所有食材和用餐方式都有店員親切解說，雖然是高級的餐廳，但吃起來不會有壓力，

反而有種備受尊重的感覺。餐點非常美味，但同時價格也相對較高，一餐吃下來大約一人日幣 15,000 起跳，有些限定的套餐甚至要日幣 25,000 到 30,000 之間唷！餐點皆以套餐形式供應，可以針對喜愛的菜色追加，一套吃下來真的很飽，但每一道都不能錯過，因為都非常好吃，而且是那種明明就飽到天靈蓋了，但還是忍不住吃光光！餐後的抹茶刨冰是隱藏版的菜單，一開始只提供給店家的熟客享用，但因為太好吃了，大家紛紛口耳相傳，現在變成菜單上沒有，但可以預約時先跟店家說的一個品項，成為內行人的象徵之一。

Gmap   官網

29

肉肉漢堡

09
Shake Tree Diner

一般認為漢堡是美國的食物，但其實日本向來很擅長把其他國家的美食延伸再造，所以在日本也有非常多美味的美式漢堡值得一嘗！這家「Shake Tree Diner」是近期網路上很紅的一家，因為他們有一款漢堡超特別，是以兩層肉包裹番茄、生菜、起司，完全沒有用到麵包，取而代之的是兩片漢堡肉，我稱它為

「肉肉漢堡」，非常適合不吃澱粉的朋友喔！他們的漢堡肉都是手工製作，而且不是一般常見的細絞肉，是用粗絞肉手工拍打而成，吃起來的口感非常特別，比一般漢堡肉更有嚼勁、紮實。不過這款肉肉漢堡的味道偏重，建議大家點個沙拉搭配享用會比較好唷！餐廳地點在晴空塔附近的河岸邊，不管是白天或晚上用餐，都可以欣賞到漂亮的晴空塔，來約會也很適合唷！對了對了，這裡可以直接使用街口支付，不經由 paypay 系統，付款快速又方便，分享給大家！

Gmap　　官網

10 ── 伊勢廣 京橋本店

串燒丼飯

日式經典美食還有一樣不能錯過的，就是「串燒」。喜歡串燒的朋友，這間好店我一定要推薦給你。它是位在京橋的「伊勢廣 京橋本店」，距離東京車站走路只要 5 分鐘，交通非常方便。大正十年創業至今已經有 102 年歷史，是東京在地的串燒老店，每天早上採購最新鮮的食材，並以備長炭細心燒烤，所以非常受到歡迎，營業至今還是時常開店前就排了滿滿人潮。我最推薦他們的午間套餐，價格非常划算，而且分量也很剛好，提供 4 枝或 5 枝的串燒丼飯，除了主食外，還附湯和小菜，一份大約是日幣 2,000 左右，是很不錯的午餐選擇。串燒都是師傅在開放吧台內現烤的，不過排煙做得非常好，座位區不會有油煙，中午來吃也不怕身上都是串燒味。點了一份 4 本丼，裡面包含雞胸、雞肉丸、蔥卷、雞腿肉，每一串都烤得超香，碳燒味很濃且醬汁不會太鹹，配著飯吃超美味！肉質也都很軟嫩，輕輕用筷子一夾就斷，完全不需費力去咬，吃美食也可以保持很優雅，不用齜牙咧嘴～這裡的晚餐價格，日幣 6,000 起跳，所以午餐真的很划算，推薦大家都可以去嘗嘗看唷！

Gmap　　官網

漢堡排
11 ——
挽肉屋 神德

外皮煎得香脆、裡面爆滿肉汁的手工
漢堡排，搭配上瀑布般流淌的蛋黃，
簡直就是完美的絕配。上回到東京出
差，無意間經過這家位在東銀座的餐
廳「挽肉屋 神德」，被它掛在外面的
定食餐點照片給吸引，他們的絞肉非
常有特色，除了常見的豬肉外，還有牛肉、羊肉和魚肉，是不是眼睛一亮？居然還
有魚肉的漢堡排呢！魚肉漢堡排有兩款，鮪魚及鯛魚，而肉類的漢堡排除了單獨的
牛豬羊外，竟然也有牛豬羊三種合在一起的絞肉，真是太酷了！所有的漢堡排都是
當天早上手工製作，提供給顧客最新鮮的美味。餐點分為三種：出汁、丼飯

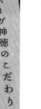

及定食，丼飯是比較簡單的，就一份丼飯和湯，定食的話則會提供小
菜及醬料，吃起來不太一樣。出汁類型的漢堡排又
更特別，是像茶泡飯的方式，會把高湯加在丼飯
中，吃起來也是別有一番風味！我之前來都是
吃漢堡排丼飯，一份 1 人前的分量對女生來說
就剛剛好，但我下回會想挑戰定食，因為可以
選 2 ～ 3 種不同的漢堡排，可以一次吃到多種
不同的滋味，感覺也非常棒！順帶一提，他們的
白米飯也非常講究，使用的是新潟的越光米，炊飯時加
入備長炭及碳酸水，加倍提出米飯本身的甜，粒粒晶瑩
剔透又飽滿，真的好好吃！想到他們的白飯我又忍不住
吞了口水……

Gmap　　　介紹影片

32

鐵板漢堡

12
—
極味屋

這兩年日本真的好流行漢堡排，各式各樣的漢堡排餐廳如雨後春筍般出現，大搶商機。這家「極味屋」雖然在網路上沒有被炒得很誇張，但它也非常好吃，而且是很多日本人私下推薦的必吃餐廳喔！我吃的這家是東京車站分店，地點在東京車站內，必須進站才吃得到，我造訪那天是接近傍晚

時間，開始有排隊人潮，但好險沒有非常多，建議傍晚 5:30 之前來，是排隊時間相對比較短的時刻。有著漢堡排界一蘭拉麵稱號的「極味屋」，它的座位就是像一蘭店內那種 K 書中心的座位規畫，一人一格，雖然中間是透明格板，但可以很獨立的用餐，不太會被隔壁打擾到，很適合一人美食家享用。每個座位前方都有自己的一

塊小鐵板，提供給消費者煎肉用的，因為這間餐廳供餐的方式是廚師會先幫你稍微煎一下漢堡排，然後就會讓客人後續自己操作，可以決定自己喜歡的熟度，每一口想吃多大也都可以自己決定，有種邊吃邊玩的感覺，滿有趣的。店家提供 6 種佐料給客人搭配享用，我覺得每一種都滿好吃的，搭配起來都有獨特的味道，推薦可以每個都試試！這裡的餐點以決定主餐為主，然後可以加日幣 400，享受白飯、沙拉、湯和冰淇淋無限續的服務，我點的是最小份的 120g 漢堡排，但我覺得這分量對女生來說剛剛好，主餐加配餐一份大約是日幣 1,500，我覺得也非常划算喔！

Gmap

介紹影片

官網

抹茶甜點

13
林屋新兵衛

你吃過味道最濃郁的抹茶甜點是哪一種呢？1753年就在金澤創業的「京林屋(京はやしや)」是一間有260年歷史的抹茶老店，他們最早就是做茶葉批發生意的，但後來因為西洋文化流行起來，為了轉型讓抹茶年輕化，才將原本只能喝的抹茶延伸去做甜點，進而設立了咖啡廳，而這間「林屋新兵衛」，就是他們在東京MIDTOWN日比谷內開設的咖啡廳。林屋新兵衛最知名的原創抹茶甜點，就是「抹茶葛ねり」（抹茶奶凍），這款甜點是他們的獨家產品，市面上沒有其他家有這款抹茶甜點，想吃只能來這裡。我吃了一次「抹茶葛ねり」之後就整個愛上，除了抹茶味超濃厚，那個軟綿又Q彈的口感真是獨特，吃起來就像奶凍一樣，像奶油般滑順且用舌頭輕輕滑過就入口即化，滿滿的抹茶香氣在口中爆開，滋味非常美妙！這款甜點可以內用也可以外帶，如果排隊人很多，我也很推薦可以買外帶回飯店吃，不影響它的美味。喜歡抹茶的你，一定要嘗試看看這個特別的抹茶甜點。

可麗餅

14
浅草茶屋たばねのし（Tabanenoshi）

天啊，這家的抹茶可麗餅也太抹了吧，怎麼可以濃郁成這樣啊？抹茶控我拜託你一定要來吃！這間位在淺草的「浅草茶屋たばねのし」，是最近IG上很紅的打卡名店，整個以抹茶為中心的和風可麗餅，採用高級的靜岡掛川抹茶，

從外皮到內餡和冰淇淋，全都選用抹茶口味搭配，內餡還滿豐富的，除了有冰淇淋和鮮奶油，還有千層酥跟草莓，味道和口感都吃起來非常豐富，因為使用濃度較高的抹茶，所以覺得上方炙燒過的焦糖配起來剛剛好，完全不會太甜，反而很和諧。很喜歡吃抹茶的人會很喜歡，但如果怕苦的話可能要斟酌一下，我覺得它有部分偏苦，記得一定要整體一起吃，不然單吃上方抹茶醬料會真的很苦唷！店內還有一款可麗餅型態的提拉米蘇，有興趣的朋友也可以吃吃看。假日的排隊人潮較多，建議挑選平日來比較好。

官網

布丁

15
—
DEPOT

布丁，是個近期很紅的甜點單品，好多咖啡廳都推出擁有自己風格的布丁，而且也都很好吃。除了網路上常常看到的爆紅咖啡老店，東京車站出口旁還有這家布丁很特別的店「DEPOT」。有點不知道該說這家店是咖啡廳還是酒吧，因為它的裝潢就像間酒吧，但裡頭很紅的品項卻是咖啡和布丁？研究了一下才知道，原來這間店本身是酒吧，晚上也有許多客人來小酌，但近期推出獨具特色的方形布丁，沒想到整個大受歡迎，所以下午也開始經營起咖啡和布丁的生意。「DEPOT」的布丁真的滿不一樣，它連形狀都跟別人不同，是方形的，吃起來也明顯帶著焦糖的苦味，是非常大人口味的布丁！吃起來不太甜的布丁真的出乎意料的好吃，改寫了我原先認為布丁就要甜才會好吃的刻板印象，再次被東京種種新型態的美味征服。

Gmap　　官網

草莓大福 16 ─ 金田屋

草莓大福可能大家都吃過（或至少看過），但這個創新款真的完全顛覆我們既往的印象，它的草莓不在裡面，而是把草莓放到麻糬外了，而且，裡面完全沒有紅豆喔！沒有紅豆！沒有紅豆！我聽到很多人在歡呼了，它真的沒有紅豆，怕紅豆甜味的人一定要試試。這個 2021 年才成立的創意大福品牌「金田屋」，店鋪位在銀座巷內，是個滿好找的位置。有別於傳統的草莓大福，金田屋的大福把水果都放外面，把日式的甜點改造成西式洋菓子的嶄新樣式，非常與眾不同！草莓大福的麻糬皮添加了竹炭成分，所以看起來黑黑的，而內餡取代紅豆泥的則是 Cream Cheese，吃起來有點鹹甜鹹甜，所以不僅不用擔心太甜，淡淡的鹹味反而更帶出水果本身的自然甜味！這個搭配組合我個人很喜歡，非常有特色、獨具新意。不過價格真的是不便宜，一個是日幣 1,100（含稅），但吃起來真的有種顛覆味蕾的感覺，滿推薦大家可以試試！

Gmap　　　介紹影片

鯛魚燒 17 ─ 柳屋

終於朝聖這間連阿部寬都買不到的鯛魚燒，哈哈哈。開玩笑啦，我說的是他某部片裡的劇情，形容他每次來買柳屋都撲空，自從那部日劇推出後，原本就很有名的柳屋鯛魚燒又變得更難買到了。不過，這次我終於如願吃到！真的不能小看愛排隊的日本人，我去買的當天只比營業時間晚到 5 分鐘，店內居然已經排了超過 20 人！所以也提醒大家，排隊老店的營業時間有時是會提前的，想趁早不用排的話，還是必須早點到比較好。

「柳屋」是大正五年就開業的老字號人形町鯛魚燒，與麻布十番浪花家、四ツ谷的わかば（若葉）併稱為「東京三大鯛魚燒」。而柳屋的特色就是皮超薄且餡超多，有別於大批出爐的厚皮鯛魚燒，這裡的鯛魚燒是一隻一隻手工烤製而成，真的需要耐心等待，現場排隊的人都看著師傅們表演鐵砂掌，他們都直接拿起熱騰騰的鯛魚燒不怕燙，

果然是老店真功夫！我買完當下就現吃了起來，趁熱吃真的非常好吃，帶點焦香氣味的薄皮，又酥又脆，紅豆內餡也不會太過甜，真的很適合買回飯店當點心吃！

Gmap　　介紹文

牛奶派

18
—
Cow Cow Kitchen

Cow Cow Kitchen 是知名伴手禮「東京ミルクチーズ工場」旗下的現吃甜點之一。這款甜點非常獨特，一開始看到它以為是泡芙，結果發現它的名稱是「牛奶派」！因為太好奇口感和味道，就買了一個來吃吃看，結果一吃，驚為天人，奶香味怎麼可以這麼濃?!雖然偏甜的，但真的好香好好吃啊，本來只買了一個跟朋友分享一人一半，結果兩人吃完都覺得不夠，於是又再去買了一個，現在回想起仍然很想念它的美味。牛奶派的外形一面是三角狀、一面有個圓弧形，長得跟一般的派或泡芙都不一樣，乍看也有點像金字塔。從中間一剝開，滿滿的滑順奶油醬就爆漿出來，光是用看的就讓人口水直流！目前在東京的販售點不多，最方便的是秋葉原站外 atre 一樓的櫃位，還滿好找的，交通也很方便，因為無法帶回台灣，所以推薦大家在東京有機會可以吃吃看。

官網

千層
蛋糕

19
—
HARBS

這家千層蛋糕應該只要有去過日本就幾乎都吃過吧！不得不說，他們家的千層蛋糕還是最美味的，我曾經吃過幾家媲美 HARBS 千層蛋糕的店，但說真的，跟 HARBS 比起來還是有一段差距。HARBS 的千層蛋糕有很多口味，最出名的是經典的「ミルクレープ」（綜合水果薄餅千層），一層一層薄餅、鮮奶油、水果疊加在一起，一口咬下能同時吃到三種不同層次的美味，真的是味蕾的一大享受！其實除了水果千層外，他們有很多款蛋糕、派也很好吃，推薦大家有機會可以都試試看，此外我也很推薦他們的午間套餐，有沙拉、飲料，主食可以選義大利麵、蛋包飯或三明治，餐後還有一個當日小蛋糕可以享用，整體來說算是很超值的午間套餐。不過提醒大家，店內用餐的低消是一人一杯飲料，所以不能只點蛋糕，還需要搭配飲品才行。

官網

水果
大福

20
—
覺王山水果大福 弁才天

你喜歡吃水果大福嗎？日本這家水果大福
非常特別，有別於一般大福的紅豆內餡，
「覺王山水果大福 弁才天」一律採用新鮮
水果當作餡料，每一顆都包裹一個水果原
粒，吃起來非常清甜美味，而且不膩口！
覺王山水果大福 弁才天是來自名古屋的甜
點品牌， 從令和元年創立以來，在網路上創造不少話題，不只是海外觀光客，很多
日本人也對於整顆水果包在大福中感到驚喜，沒有紅豆餡的大福已經成為當今最流
行的大福甜點。這家水果大福還有一個特色，就是它切開的方式是以棉線交錯劃開，
完全不需刀具就能切出漂亮的大福切面，非常符合現代人喜歡先拍照再吃的飲食風
格。這裡平常就提供 10 種以上的水果口味可做挑選，橘子、奇異果、 葡萄都是常
見的水果口味，另外也還有各種季節限定，像是麝香葡萄、無花果、
水蜜桃等等，裡面內餡除了水果，還有一層薄薄的白豆沙， 吃起來
不會過甜，但又非常令人滿足！推薦大家有機會可以試試。

官網

經典必訪神社／
必買御守

在日本觀光，有個類型的景點，大家也一定都去過，那就是「神社」。神社也分成很多種類，有求財的、除厄的、結緣的、長壽的……等，日本各地都有不同的大小神社可以參拜，是個能夠深入認識一個地方的方法。日本的各大神社都有自己的御守、繪馬，很多都設計精美又可愛，非常適合買回來作紀念唷！

ひかわじんじゃ

01 赤坂冰川神社

東京都內小而美的神社很多，赤坂的冰川神社也是很推薦的地點之一。神社內有棵樹齡 400 年以上的銀杏樹，每年都有很多人在秋季慕名而來欣賞它的美！

冰川神社是少數歷經戰爭跟地震洗禮還完整保存下來的古蹟，整體很有江戶時代的風格，門口的鳥居跟手水舍就相當古色古香，此外，御守也是一大特點，除了「七寶結緣守」之外，以櫻桃為外形製作的 さくらんぼ結び（櫻桃結籤），也因為可愛外表超受歡迎。籤上的紅線全部都是神社內巫女們一個個綁上去的，有消災跟結緣的用處，建議大家籤詩可以綁在神社裡，櫻桃結可以隨身攜帶。每年的 9 月中，還會舉辦知名的赤坂冰川祭，喜歡日本傳統祭典的朋友可以安排一下喔！

Gmap　　　　官網

いまどじんじゃ

02 今戶神社

「今戶神社不求財，求良緣！」

喜歡招財貓嗎？淺草附近就有一間招財貓神社喔！這間的交通方式比下一間要介紹的招財貓神社「豪德寺」更方便，從淺草站步行過去，只要 15 分鐘就可以抵達。

神社內的繪馬、御神籤、御守都超可愛！滿滿全是我愛的貓咪，貓奴來這真的會尖叫一整路。

這裡也是日劇《戀愛可以持續到天長地久》的取景地點，女主角第一集開頭就是在這求良緣的。參拜完沒多久，就在街上遇到天堂醫生了，有追這部的可以來朝聖！

Gmap　　官網

ごうとくじ

03 豪德寺

豪德寺是東京都內最知名的招福貓景點，有 500 多年歷史，因為寺院境內有 1,000 多隻招福貓，所以吸引不少遊客前來拍照。其實這裡是江戶時期知名人士的墓所，因為景觀非常漂亮，四季分明，尤其秋天可以欣賞美麗的楓葉，加上日本人向來不太忌諱參觀墓園，所以這裡漸漸成為一個景點。有沒有發現，這裡的貓咪都是招右手，所以被稱為「招福貓」而不是招財貓喔！因為有了可愛的招福貓加持，所以遊客絡繹不絕，甚至連東急電鐵都打造一台「招福貓列車」，讓來客搭乘前往豪德寺呢！

Gmap　　官網

04 櫻神宮

さくらじんぐう

想在東京參拜有美麗櫻花的神宮神社？世田谷區的「櫻神宮」你絕對不能錯過！

這裡最出名的就是門口這兩株的「河津櫻」，樹枝上綁滿大量的粉色緞帶，櫻花盛開時隨風一起擺動，美得像一幅畫！因為是河津櫻的關係，所以也是較早開花的櫻花花系，有意前往的話，大約 2 月中下旬就可以碰碰運氣囉！地點非常便利，搭地鐵就能到，非常推薦！櫻神宮位置在「櫻新町站」，從澀谷搭田園都市線

過來只要四站，很方便，從車站北口出來，走路三分鐘就到了。對了，這裡除了櫻花樹很好拍之外，御朱印也是超超超人氣！櫻神宮每個月都會推出限定款式，而且賞櫻期間都會是櫻花系列的喔，很適合櫻花迷們收集！

Gmap　官網

05 居木神社

いるぎじんしゃ

JR 山手線上最方便到達的神社，應該就是這間了！距離車站只要三分鐘！好難得在東京發現一間交通這麼方便的神社，感覺不去走訪一下實在說不過去。但其實我是為了它超美的御朱印來的，立體浮雕的設計配上金光閃閃的緣起圖案，一整個喜氣到不行，看了就覺得好運來！

另外還有「赤富士」款，也是好漂亮，忍不住入手。立體御朱印總共有三款，每個是日幣 1,000，目前都還有販售中，喜歡的朋友可以親自帶回。我去的時候剛好還遇上期間限定「お多福參り」，從嘴巴進入去參拜，可祈求一直都微笑幸福著，另

外，這裡的繪馬也很有特色，相較於一般的整塊木板，這裡的繪馬有字寫「厄、鬼、八、病、災」共 5 款，買來後可以把中間的字去除，象徵著把不好事物驅除掉而避免災禍，這種別出心裁的繪馬多了手動的儀式感，滿有趣的。

居木神社在 JR 山手線大崎站，從西口出來，直接過馬路，走路三分鐘就到。它的入口小小的，目前旁邊是工地，階梯不會很長，走起來算滿輕鬆的，腳力有限的朋友很適合來這唷！

Gmap　官網

43

06 日枝神社

ひえじんじゃ

對於美麗的千本鳥居很響往嗎？其實東京也有千本鳥居，就在市中心的「日枝神社」。日枝神社是江戶時代鎮守江戶城的神社，每兩年會舉辦一次盛大的山王祭，山王祭是日本三大祭之一。這裡以提升工作運勢，祈求生意興隆最為著名，想求工作順利的朋友可以去祈求一下！日枝神社的地點就在東京的蛋黃區，鄰近皇居緊依辦公大樓，進到神社境內參拜有種突然從都市叢林跳脫世俗的感覺，雖然就在市中心，但神社內的寧靜氣氛，可以讓人瞬間覺得身處充滿靈性的自然境界，令人心曠神怡。

Gmap

官網

のぎじんじゃ

07 乃木神社

乃木神社位於六本木的乃木坂。沒錯，知名女子團體乃木坂46的團名就是出自於此處！跟前面分享過的幾間神社比起來，雖然占地略小，但是是相當有自己的特色，尤其是御守的部分，我這次就是特地來買這「よりそひ守」，一組有兩個，使用日本傳統婚禮中新郎的紋

付羽織袴及新娘的白無垢設計,非常別緻,寓意新婚夫妻能夠永結同心!送給新婚的朋友也很適合。還有另一款「つれそひ守」,有著日本傳統紋路,搭配較鮮明的顏色,適合結婚已經很多年的夫妻一人一個,寓意兩人可以白頭偕老,也非常浪漫。綁籤詩的地方也很獨特,是兩球形,遠看很像毛茸茸的蒲公英,非常可愛!這邊也栽種了很美的櫻花樹,賞櫻季節有打算來東京的朋友,不妨可以來走走兼祈福唷~!

Gmap　　官網

すいてんぐう

08 水天宮

位於日本橋、人形町這一帶的水天宮,是日本求子、祈求順產很靈驗的一個地方,從江戶時代開始,就流傳著這樣的習俗,所以不少孕婦,或是希望可以懷孕的遊客會來這邊參拜。主社在福岡縣久留米市,東京這邊是分社,最為人所知的吉祥物就是福犬!在日本,狗狗原本就有守護主人的天性,尤其是保護小主人,所以天水宮的福犬不但能守護孕婦,也象

徵著能守護小朋友的成長!尤其是帶著竹籃子的福犬祈福像,因為竹字頭+犬,跟「笑」這個字很類似,也有著能保佑小朋友健康、開朗成長的意思!

Gmap　　官網

09 神田明神

東京十社之一的「神田明神」因為舉辦「神田祭」而聞名，地點就在動漫聖地秋葉原附近，不定期會跟動漫聯名推出特色繪馬、御守！也不少動漫迷們朝聖時會順道過來參拜唷！這裡主要是祈求結緣、商業繁盛和除魔避禍，也不少日本傳統婚禮在這裡舉行！神社旁有一棟近幾年新啟用的「神田明神文化交流館 EDOCCO」，裡頭除了有神田明神的授與所之外，還賣了各種周邊小物，品項十分豐富，有幾個木製的鳥居和神社標誌品都質感很好，很適合買回家收藏。這裡甚至連吃的都有，神社出的酒、神社霜淇淋……等等，逛起來很像文創市集，非常有趣！

Gmap　　官網

あさがやじんめぐう

10 阿佐ヶ谷神明宮

阿佐ヶ谷神明宮祭祀的是皇室的御祖神——天照大御神，也就是日本地位最高的神明，所以有很多動畫以這裡作為取景的靈感來源，加上占地廣闊約有 3000 坪，種植了不少樟樹、橡樹、銀杏等巨樹，景色非常漂亮，並且是東京都內最大的伊勢神宮，每年吸引 10 多萬人特別來此參拜！這裡另一個特色是以「超美的刺繡御朱印」聞名！有美濃和紙款和透光款，兩款皆使用日本傳統技法製作的美濃和紙，搭配精美的刺繡圖案製成。透光款的中間，還使用白色的細網紗布，映照在太陽光下美得閃閃發光！

因為阿佐ヶ谷神明宮的御朱印太熱門，官網上都會事前先公布款式和販售日期，通常開始販賣的一週後就會完售，想購買的朋友記得要事先計畫一下！每款的售價約日幣 1,000 円左右，透光款會附上一個透明夾，方便大家保存完好的帶回家，非常貼心！另外，阿佐ヶ谷神明宮的「神むすび」人氣也超高，名字直譯起來有與神明結緣的意思，加上環狀御守的造型可當作手環配戴，所以非常多日本女生拿來作飾品或掛在包包上隨身攜帶，祈求能夠隨時招來好運！因為設計精美且顏色繽紛，送禮自用都很棒喔！

Gmap　　　官網

Chapter **4**

年度最新人氣商品

最新熱門藥妝

> 日本藥妝商品的推陳出新，已經不能用快速來形容，根本就是光速等級啊！
> 幾乎每個品牌每月都有新品上市，有些更狂的則是半個月就出一次新品。而
> 日本美妝的品牌非常多，專櫃的、開架的都有非常多選擇，所以也變成不論
> 何時去逛藥妝店，總是可以發現新東西，挖不完也買不完，但也因為這樣讓
> 藥妝商品的更替變得很有趣！帶大家看看近期有哪些特別的熱門藥妝品～！

 髮膜

01
LUCIDO-L 酸熱瞬活髮膜

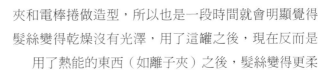

日本的髮品不只洗髮潤髮厲害，連保養類的髮膜也是
不遑多讓！這款「日本樂絲朵 -L 酸熱瞬活髮膜」近期
也是藥妝店爆紅款，主打等同日本髮廊很紅的「酸熱
護髮」技術，利用酸性的護髮成分搭配熱能，只要簡
單的吹乾頭髮，就可以快速做好強效護髮。這個護髮概念
有點顛覆以往普遍認為熱風會傷髮質的想法，反而是利用熱能＋對應的護髮成分，
來打造髮絲的滋潤和彈性，所以特別適合經常染燙、或長期使用電棒捲的人唷！用
了一段期間後我覺得這罐真的非常好用，雖然我本來就不常染燙，但我滿常用離子
夾和電棒捲做造型，所以也是一段時間就會明顯覺得
髮絲變得乾燥沒有光澤，用了這罐之後，現在反而是
用了熱能的東西（如離子夾）之後，髮絲變得更柔
順、更有光澤，原
本的自然髮都不
見了，超棒的，
愛不釋手！

官網

介紹文

Primavista 滾輪粉底

日本人真的太有創意了！竟然推出了像在臉上刷油漆的粉底！我只能說，創意真的無限，就看你怎麼發揮～ 確實，化妝也很有刷油漆的感覺，只是真的推出了滾輪也太酷了！主打均勻且溫和的上色，採用花王獨家成分，除了能夠更好的延展開、超服貼，遮瑕效果也非常好，含有防晒係數 SPF14/PA++，並可以長時間維持水潤感！我實際使用後也覺得很推薦，本來以為會需要另外用遮瑕膏加強，結果真的不用，一推開就很均勻，而且小瑕疵都遮蓋掉了，超棒的！而且滾輪本身非常柔軟，在臉上各個部位都能輕鬆上妝，鼻翼、眼下、嘴角統統沒問題！全系列有 4 色，日本藥妝店現場都有樣品可以試，我自己用的是色號 03，給大家參考！這個商品非常新，2023 年 9 月才剛推出，目前開始在日本各大藥妝通路可以買到囉～（小提醒！第一次使用時需要先來回滾 10 次左右，才能夠開始正常使用喔！）

官網

小林製藥 溫感助眠耳塞

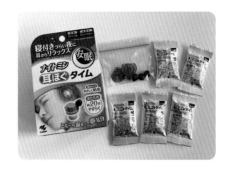

經過一個疫情，大家除了身體狀況有改變，心情上也受到不小影響，很多人因此開始失眠！近期日本市面上多出許多「幫助睡眠」的產品，從吃的喝的到保健食品都有，不過其中最特別的一款是這個：「溫感助眠耳

塞」。第一次發現時我眼睛一亮，因為它包裝上就寫了「安眠」兩個字，超吸引人啊！研究了一下後，發現這商品是利用溫熱效果，從耳朵開始放鬆身心，進而達到助眠的訴求。為什麼戴耳塞可以助眠呢？據說是因為耳朵是許多神經聚集的部位，所以能夠藉由這個位置讓放鬆的感受透過神經傳達到全身！這樣的商品還真的第一次見到，太特別了！一盒商品內含有一組本體＋五組一次性發熱體，後續使用可直接買替換的發熱體就好，本體記得不要丟掉喔！內部的耳塞還貼心的提供了兩種尺寸，耳孔大或小都有得用。我實際使用後，發現它的發熱速度非常快，一拆封就開始發熱，所以要把握時間，準備入睡時才開始用喔！一戴上就有溫熱的感覺，非常舒服，真的有放鬆，溫熱感每次可持續 20 分鐘，剛好同時也具備隔音效果，所以真的有幾次都很快就入睡了，我滿喜歡的。

官網　　　介紹文

 髮品

04

YOLU 夜間抗摩擦髮品

夜用型衛生棉可能大家都聽過，但你知道現在連洗髮精也有「夜用」的嗎？日本真的無奇不有！這款 YOLU 系列是 2022 ～ 2023 年日本藥妝店內最紅的一款髮品，主打能夠對抗因為夜晚睡覺時摩擦而產生的毛躁，讓你在夜晚時也能打造美麗的秀髮！我實際使用後真的一試成主顧，一覺睡醒頭髮真的都沒有毛毛的，所有髮絲都乖乖聽話、非常柔順，太不可思議了！而且這款髮品的味道聞起來也很舒服，加入了放鬆的薰衣草香，一邊聞著頭髮一邊舒服的睡著～ 我最推薦的系列是「CALM NIGHT REPAIR」，想試試看髮絲會有多聽話的可以實際體驗看看！ YOLU 後來還推出另外兩款，「RELAX NIGHT REPAIR」和「DEEP NIGHT REPAIR」，聽說 DEEP 款使用了「生膠原蛋白」，把髮絲修護更往上提升一個層次，超適合常常染燙的人唷！

官網　　　介紹文

面膜 05
—
RISM 面膜

日本的面膜是我在藥妝店向來很愛買的品項之一，雖然款式上可能不像韓國的那麼花俏，但日系的面膜用起來就是多一份安心！RISM 面膜是目前少數單片裝也仍然是日本製的一款面膜，在成分和設計上都有許多小巧思，從疫情期間開始就很熱門，2023 年 9 月也推

出了最新升級款。「RISM 面膜」總共有 4 個系列，每個系列都有「1 片裝」和「7 片裝」，不過！雖然是同系列，但 1 片和 7 片的內容物不太一樣，他們的功能不同、美容液濃度不同、材質不同、尺寸也不同，所以價格上也有差異喔！

4 個系列分別是：通透款、滋潤款、平衡款及奢華款。我非常喜歡它的單片裝設計，除了紫色奢華款，另外 3 款都做了貼心的鼻翼設計，一般面膜敷不到的鼻翼，RISM 都可以顧到。紫色款的也很與眾不同，它可以敷到正面的整片脖子，想一次照顧到臉部和脖子的話，這款真的非常適合，輕鬆簡單又省時省力！RISM 的面膜都只要敷 5 分鐘就能發揮效用，對於忙碌的現代人來說，是個貼心的保養好物！弱酸性、無色素、無酒精，每一包的美容液分量都十足，推薦大家買來試試唷！

奢華款

官網　　　介紹文

睫毛膏　06
BCL BROWLASH EX 束感睫毛膏

風水真的輪流轉！現在流行的妝容未來也有一天會改變，就像
這個「束感睫毛膏」，真的完全顛覆印象中大家認為好看的睫
毛該有的樣子！以前總是說睫毛就要根根分明才好看，千萬不能
一撮一撮沒梳開的樣子，結果現在竟然流行起「束感睫毛」，強
調睫毛要一束一束才跟得上時代！這款束感睫毛膏很特別，它
的睫毛刷經過特殊設計，刷頭上分為前後段不同寬度，使用
時要先用密集的一端把睫毛好好梳開，並且均勻刷上睫毛膏，
接著再用刷頭寬的一端把睫毛梳成一束一束的，這真的太
特別了！讓我想到近年來日本也很流行的濕髮造型，刻意
不把頭髮弄得蓬鬆，反而讓頭髮看起來濕濕的，這樣的
髮型要弄得很潮又有型，非常難駕馭！不過這個束感睫
毛膏大家倒是可以嘗試看看，或許會讓妝容很不一樣唷！

官網　　　　介紹文

乳液　07
minano SKINCARE 保濕慕斯

這款乳液真的是我見過最特別的了！它是慕斯狀的，用手均
勻推開後，它就慢慢化掉被肌膚吸收，擦完真的一點都不
黏，甚至吸收到完全看不見，非常厲害！不過，可以明顯感
受到肌膚上多了一層保水膜，摸起來是滋潤又有彈性的，只是不會殘留、不會油膩。
這款商品叫做「minano SKINCARE」，有大家的保養品的意思，訴求可以提供全
年齡層、全膚質使用，從 Baby 到年長者都可以，從臉到全身上下皆能用，
主打能夠給肌膚防護，對抗乾燥、摩擦、阻擋外界有害物質，
而且對肌膚的保護很完整，但完全不影響排汗及皮膚呼吸，
所以用起來不會悶熱。不過這款目前只在少數美妝店有看
到，並不算太好找，藥妝店是沒有賣的喔！

官網

按摩刷

08
—
8 THE THALASSO 頭皮按摩刷

疫情後明顯覺得日本各種按摩用品變更多了！近期很熱門的
一個，就是「頭皮按摩刷」，好多好多品牌都出了這款商品，
用過一輪後，我最喜歡的是「8 THE THALASSO」。這牌子
有出 3 個頭皮按摩刷，淺藍色是軟款、深藍色是硬款、黑色是
超硬款，三款頭皮清潔刷我都試用過，最喜歡的就是淺藍色的軟款。

我覺得它的硬度最適中，不會特別硬，比較敏感的頭皮也都能用，刷起來會有點彈
性，但是不會痛，使用時建議藉著洗頭的泡沫一邊按摩頭部穴道，超級舒服！而且
它的造型像數字 8，所以非常好握，拿起來可以很順手的刷頭皮。

加碼分享，我也很推薦直接拿它來乾刷，刷頭皮也不太會拉
扯頭髮，刷身體的話還能像刮痧一樣，溫和的疏通

經絡，如果希望可以
推得更順，可以加
上一點保養油，一
物多用超讚的。

官網　　　介紹文

防晒乳

09
—
Melano CC 防晒乳

「Melano CC」是日本樂敦專門為痘痘、斑點、毛
孔肌膚問題所打造的系列，價格親民東西又好用，
已經紅好幾年了，今年推出一款熱門的新品「臉部
專用防晒乳」！添加了維他命 C、E 成分，邊防晒
還可以邊保養，我一看到就超心動，它的質地也非
常清爽，擦起來就像擦乳液一樣，很好推開，推勻

之後會覺得輕薄又乾爽，不會厚重或黏膩，也因為延展性很好，所以一點點就能上完全臉，用量很省，是幾乎無存在感卻又擁有保濕度的一款防晒乳！我很喜歡它本身還帶一點細緻的微微珠光，擦起來顯得氣色特別好，而且成分裡還有個皮脂吸著粉體，容易出油的人也能安心使用，可抑制臉上泛油光。偷偷說，這款被我當作懶人出門聖品，因為只要上了這款防晒，氣色就能提升，而且珠光會讓臉部顯得明亮又立體，根本就是偽素顏妝好朋友啊！哈哈哈～

官網　　　　介紹文

 10
飲品　**花王ヘルシア my リズム（healthy myrhythm）機能飲品**

傑克，這個東西真的太神奇了～不確定要稱它是咖啡還是茶?!我一開始是在松本清發現它的，但對於它訴求的功能覺得太奇妙，所以忍不住買來試一下它的味道！「花王ヘルシア ｍｙリズム（healthy myrhythm）」它是一款機能性飲品，官方主打「幫助降低體脂（BMI）」、「維持肌膚含水量」，喝個東西就能有這效果，聽起來很神奇對不對?!這個飲品是採用咖啡豆來源的單寧酸為主成分，而單寧酸因為也是一種「多酚」，所以有著抗氧化、清除自由基、抗發炎等作用，因此被採用來當作這款機能飲品的特色。喝個茶就能降低體脂聽起來真的很美妙啊，目前出了兩個口味，差別在香味，藍色款：焦糖香、粉色款：香草玫瑰香，兩款的味道都還不錯，至於口感，喝起來的感覺其實很難形容，要說它是茶？還是咖啡呢？它來源確實是咖啡，但喝起來又有點像茶，就是很淡很淡的咖啡味，口感則

官網　　　　介紹文

是像水一般很好入口。每次一小包，用 160ml 的水沖即可，冷水或熱水都可以。官方建議是一天兩包，也不要過多，我自己目前喝了是感覺接受度算高，味道和口感都不差，但效果的話就要觀察一段時間了～

最新熱門甜點

想吃精緻漂亮又美味的甜點,「日本」應該是世界首選之地。日本的美食很多,除了正式的和食、懷石料理,各種和風和洋風的甜點也都令人讚賞!相信有去過日本的朋友都有相同的經驗,經過車站店鋪看到精緻的伴手禮們,總覺得不帶個一兩盒回味一下好可惜~ 是不是?!

01 AUDREY

又是一個好美又好吃的伴手禮!近幾年也紅遍全日本的「AUDREY」,因為經典商品「GLACIA(グレイシア)」長得像一束花,非常可愛,所以自從 2014 推出以來,幾乎是每天都賣光光!AUDREY 以「草莓」為主打特色,全系列甜點都使用草莓製作,有新鮮的草莓,也有草莓乾製品等等,手繪風的可愛包裝也非常受女性歡迎,每次只要經過他們的櫃點,總是會一直聽到日本女生喊著「卡哇依~」然後不停的拿去排隊結帳!不得不說,他們經典的 GLACIA 還真的非常好吃,外層是薄脆的原味貓舌餅乾,中間包裹著空氣般輕盈、入口即化的奶油內餡,最上方還點綴了顆酸甜的草莓果乾,整束花一起吃下,真的又美味又滿足,一次吃一朵剛剛好!我非常推薦吃之前先冰鎮過,美味度超加分!目前還是只有在關東地區容易買到,關西或其他地區偶爾會有期間限定店,可以到他們官網查看唷!

官網　　　　　介紹影片

02　TOKYO TULIP ROSE

由日本菓子職人「金井 理仁」打造的甜點品牌「TOKYO TULIP ROSE」是疫情期間竄紅的甜點之一。2019 年創立到 2023 年不過 4 年多時間，已經在東京大受歡迎，招牌品項「TULIP ROSE」是來自金井主廚的創新發想，外圍以貓舌餅乾做成鬱金香花形，中間再以雙層鮮奶油和派皮填滿內餡，成為一朵朵看起來非常美麗、吃起來也極度美味的一款甜點。據主廚所說，這款甜點的靈感來自他兒時的記憶，他住在一個開滿鬱金香花的地方，從小就很喜愛鬱金香，希望把這款花帶給他的美好傳遞給大家，所以獻上這樣一朵獨特在鬱金香中盛開的玫瑰花！我第一次看到這款甜點也是一見鍾情，它真的太美了，漂亮的花本來就是女生都會喜歡，又漂亮又可以豐富味蕾的花，更是女孩們的心頭好啊，非常推薦大家試試！

官網　　介紹影片

官網　　　介紹文

03 NUMBER SUGAR

沒想過牛奶糖也可以做到天天完售、提早打烊！這家也是近年爆紅的手工牛奶糖「NUMBER SUGAR」，有別於一般伴手禮都在車站販售，它反而是設立實體店鋪在原宿和東京站，而且店內就只有賣牛奶糖唷！他們的牛奶糖非常有特色，是以號碼命名區別口味的，目前共有 12 個口味，香草、鹽味、覆盆子、蘭姆葡萄、咖啡⋯⋯等等，每款都很有特色，而且真的能吃得出不同，原料用的很實在，質地是偏軟的，屬於生牛奶糖的類型，所以購買後建議不要帶到太熱的地方，有可能會整個化掉！吃完一輪的心得是：真的非常好吃～這系列是大人系的牛奶糖，口味都很成熟，真的很推薦買來自己吃或送人當伴手禮！對了，他們還有出硬款的牛奶糖，也是非常好吃，很值得一起買來吃吃看！（提醒大家，完售會提早休息唷！建議早上去買）

04 龜十

銅鑼燒人人都吃過，但這家的銅鑼燒真的很不一樣！已經創立超過 100 年的淺草老鋪「龜十」，每天平均賣出 3,000 個銅鑼燒，被譽為東京必吃三大銅鑼燒之一！不過，龜十最早的名物是「最中」和「羊羹」，後來因為傳統的日式甜點式微，才開始販售熱賣至今的銅鑼燒。

龜十的銅鑼燒有兩種口味，紅豆和白豆沙兩款，每個都幾乎比拳頭還大，吃起來超飽！最特別的是它的外皮，跟一般銅鑼燒不太一樣，外層有手工燒烤的痕跡，撕開來卻會發現外皮的裡面非常軟綿，有點偏生的感覺（不是沒熟），比一般常見的銅鑼燒外皮更軟更綿密。內餡部分也給得非常多，不過甜度是偏高的，不愛甜的話可以手動移除掉一些內餡。特別提醒大家，這間龜十每天一早就開始大排長龍，早上來買的話不要被排隊人潮嚇到，其實隊伍消化得滿快的，平均是排 30 分鐘到一小時左右，不過偷偷告訴你們一個小祕訣，其實傍晚來買比較不用排，這裡開到晚上 19:00，通常 18:00 後過來就沒有太多人囉，我上次去買，直接就能走進去買到，很快速！

Gmap

05　神田明神招福最中

甜點人人都買過，但這款甜點與眾不同，是由創建 1300 年的神田明神所販售，而且它的造型非常可愛，是愛心招財貓樣式的招福最中餅，裡面包裹著甜甜紅豆內餡，象徵吃了會帶來福氣和好運！一盒內有 4 入，全部都是已經包好的最中，毋需另外加工，每一個也都分開包裝，帶回台灣享用也沒問題。

官網　　　Gmap

招財貓最中裡的紅豆是無顆粒的軟綿類型，口感超級綿密，甜度我覺得算是偏甜一些些沒有到太甜，配個茶或咖啡就是很棒的選擇喔！因為有神田明神的加持，現在這款招財貓最中也變得很熱門，而且除了現場跑一趟，網路上是買不到的，建議大家有機會安排去神田明神的話，別忘了到它神社旁的「EDOCCO 神田明神文化交流館」購買，那裡面除了有這款最中餅，還有非常多神社的周邊小物可選購，木製的小鳥居、祭祀用的裝置、神田明神的酒和布丁……東西非常多，來這裡也完全可以享受逛街的樂趣，跟一般神社不太一樣，很推薦！

06 ÉCHIRÉ MAISON DU BEURRE

「ÉCHIRÉ」這家法國產的發酵奶油舉世聞名,全世界幾乎一半以上的頂級餐廳都採用他們家的發酵奶油做料理或烘焙,而他們開在東京丸之內的這間分店也是超熱門,常常大排長龍。其實「ÉCHIRÉ」真的是老品牌了,1894 年就開始生產奶油,其中最有名的就是「發酵奶油」。所謂的發酵奶油,就是製作時加入了乳酸菌,所以發酵奶油帶點乳酸味,經過烘烤後會散發奶香,所以有些點心特別適合使用發酵奶油製作,像法式點心就是,除了帶有奶香,口感也較為爽口。位在丸之內的這間「ÉCHIRÉ MAISON DU BEURRE」,有販售鐵盒奶油餅乾、費南雪、瑪德蓮、奶油蛋糕和周邊小物等,其中最特別的是奶油蛋糕,聽說天天都要提前來排隊才買得到,而當店限定販售的則是「Sablé Échiré / Galette Échiré」這兩款鐵盒餅乾(Gâteaux Secs,ガトー セック),其他分店都沒賣啍!這兩款都是經典的奶油餅乾,吃起來口感略有不同,但都是奶香味超級濃郁

的類型,沒有包夾任何餡料,光是單吃餅乾本身就非常美味,我很推薦這一款。費南雪和瑪德蓮我比較喜歡費南雪,外層烤得脆脆的,裡面卻非常濕軟,口感很豐富,瑪德蓮口感偏乾我就不是那麼愛了。

官網　　　Gmap

07 喫茶店に恋して。

某次無意間經過東京站這個甜點櫃,覺得漫畫風的包裝非常可愛,上網查了一下,原來「喫茶店に恋して。」是 Hanako 雜誌的一個人氣特輯,因為非常受讀者歡迎,所以與甜點品牌「銀座ぶどうの木」合作,把原本雜誌中的內容變成實體的,讓喜愛的讀者可以實際擁有。目前有三款甜點商品,我覺得有兩款很好吃,吐司造型的「ハ

ニートーストサブレ」（蜂蜜吐司酥餅）、「クレームブリュレタルト」（烤焦糖奶油布蕾塔），兩款都各有各的美味。吐司造型的酥餅做得真的就像放了一塊奶油的吐司一樣，非常可愛，上方放了奶油巧克力及蜂蜜巧克力，剛好點綴了看似單調的吐司餅乾，提醒大家一定要一口咬下三種滋味，因為融合得非常美好！另一款焦糖奶油布蕾塔也很好吃，外層酥脆，一咬開裡面的焦糖會爆漿出來，超誘人。表層的焦糖因為炙燒過所以特別香，吃起來帶點淡淡微苦，把整個布蕾塔的甜味中和的恰到好處，吃起來不會過於甜膩，反而讓人一再回味唷！外包裝都是跟插畫家合作的，設計成一本書的樣子，有著「書中自有甜蜜屋」的氛圍。目前僅在東京站內販售，可以趁轉車時購入唷！

官網　　　　Gmap

08　NEWYORK PERFECT CHEESE

你們吃過最好吃的起司製品是什麼？披薩？起司蛋糕？我覺得我目前吃過最美味的，應該就是這款紅翻天的伴手禮「NEWYORK PERFECT CHEESE」！不同於以往吃到的濃厚型起司甜點，這款可以說是吃得到起司的美味，但又不會太厚重的好吃甜點。以薄片貓舌餅乾包裹起司和白巧克力，各種內餡的分量抓得恰到好處，不會太多太重太甜，反而因為搭配得很好，吃起來鹹甜鹹甜不會膩，真的是非常好吃的一款甜點！但也因為它真的很好吃，所以也不算太好買到，東京車站內的櫃點每次經過都排好長，還好現在已經滿多百貨都有它的櫃位，所以建議大家可以到其他百貨櫃點買會比較快速唷！萬一真的來不及或買不到，部分機場也有賣喔！

介紹文

61

09　元町香炉庵 東京鈴もなか

這款由神戶甜點品牌「元町香炉庵」打造的鈴鐺造型最中「東京鈴もなか」，靈感來自東京車站 B1 的銀之鈴地標，不只把最中變得小巧可愛，分量上也跟著變迷你，每次吃一個，負擔不會太重。最中（もなか）是一款傳統的日式甜點，外皮通常是薄薄的餅乾，裡面會包裹著紅豆泥。

而這款最中的外層同樣是薄薄的餅乾，中間填滿綿密的紅豆沙內餡，不過特別的是，最裡面有包一顆Q彈的麻糬，吃起來口感層次相當豐富，跟一般的最中也稍有不同，滿有特色的。前陣子碰上哆啦A夢生日，所以他們順勢推出和哆啦A夢聯名的最中鈴鐺，聯名系列的外盒超可愛，雖然內容物不變，但光看外盒就覺得變得更好吃了！

官網　　　　Gmap

10　MIYUKA 実千菓

日本甜點我最喜歡的一個派系，就是日洋混合系，只在東京車站販售的「MIYUKA 実千菓」就屬於這個派系。融合日式和西式的風格，採用紅豆、草莓等食材，打造出一小個一小個非常可愛的小夾心餅乾！內餡比餅乾還要厚，每口都吃得到濃郁的奶香，很適合喜歡草莓類甜點的朋友～ 我很喜歡這款甜點的尺寸，相較一般夾心餅乾，実千菓吃起來比較沒壓力，而且因為尺寸特別設計過，也更不覺得膩口，非常棒！它的包裝我也喜歡，粉紅和粉紫的色調，看起來很柔和又舒服，目前只在東京車站站內，地下一樓銀之鈴附近販售，期待他們之後有更多新口味！

官網　　　　介紹影片

最新可愛小物

> 日本永遠都不會少的，就是「可愛小物」。各種新的、奇特的、創意的，日復一日不斷有新的推出，有些從插畫紅起，有些是繪本，甚至更多是從一組網路貼圖起家的，現在的世代真的與以往不同，只要能抓到大家的眼球，就有機會爆紅。

 01　mofusand

《mofusand 貓福珊迪》是日本人氣插畫家ぢゅの（Juno）的貓咪系列作品，特色是軟軟蓬鬆的貓咪與各種水果、甜點、節慶元素結合。人氣最高的是穿著鯊魚造型衣服的「鯊魚貓」！也有與三麗鷗合作，推出 Hello Kitty、布丁狗、美樂蒂、酷洛米、大耳狗和人魚漢頓造型。

02 SPY X FAMILY

《SPY×FAMILY》台灣譯作《間諜家家酒》，是一部 2019 年開始連載的少年漫畫。講述由間諜（爸爸）、殺手（媽媽）和擁有讀心能力的超能力小孩，三人互相隱瞞身分，扮演一家人的家庭喜劇。動畫第一季於 2022 年播出後大受好評，請到星野源演唱片尾曲。第二季於 2023 年 10 月上映，電影將在 12 月上映。

03 Ringcolle! 系列扭蛋

「Ringcolle!」是日本萬代推出的系列扭蛋。將各種各樣的物品做成迷你模型戒指，放進獨特造型的扭蛋殼。有「窩在砂鍋裡的貓」、「蛋裡面的小鳥」、「魚缸裡的金魚和烏龜」、「味噌湯裡的食材」、「章魚燒裡的章魚」等多種主題造型。還與各大知名 IP 聯名，推出「電

子雞塔麻可吉」、「寶貝球裡的寶可夢們」、「哆啦 A 夢道具戒指」系列，韓國團體 TWICE 也與他們聯名推出以吉祥物 LOVELY 為造型的「TWICE LOVELYS」系列。

04　にしむらゆうじ (Nishimura Yuji)

にしむらゆうじ是日本插畫家、漫畫家。將「どうぶつ国」中的夥伴們繪製成 Line 貼圖後大受好評。發表插畫和漫畫作品在 X（Twitter）、IG、YouTube 和部落格平台。甚至吸引迪士尼跟他合作，推出《米老鼠與好朋友》、《小熊維尼》和《奇奇蒂蒂》具有他角色風格的 Line 貼圖。

にしむらゆうじ在城市的某個角落找到了通往「妖精國」的入口，在那裡跟妖精們玩耍並得知還有其他未知的國度，他將這個世界取名為「動物國」。出發去探險的旅途中認識了「こねずみ」（小老鼠）、「ごきげんぱんだ」（心情好熊貓）等夥伴，並建立祕密基地「Studio UG」，在那裡記錄下他們的故事。

コウペンちゃん 正能量企鵝

《正能量企鵝 Koupen Chan》（コウペンちゃん）是由插畫家るるてあ所繪製，對日常瑣事抱持正能量的企鵝。2017 年 4 月 4 日首次發表於 Twitter，可愛的企鵝寶寶搭配「出勤してえらい！」（準時上班真了不起！）獲得熱烈迴響，並將它角色化，推出 Line 貼圖。陸續推出漫畫、繪本、童書、畫集，展開商業合作和舉辦展覽。2020 年推出的 switch 遊戲中收錄了所有正能量企鵝的夥伴們，並為他們配上聲音。

06 OPANCHU USAGI 內褲兔

由插畫家「可哀想に！（@onkun_suko）」所繪畫，帶著淚汪汪的眼睛和豐脣的「おばんちゅうさぎ（內褲兔）」。性格專注又單純純粹，每次為了大家作出的努力卻都白廢了，這樣既可憐

又可愛的樣子受到大家的喜愛。2022 年開始在
Twitter、IG 和 YT 連載。

07　ちいかわ 吉伊卡哇

《吉伊卡哇》（日語：ちいかわ）是由
漫畫家ナガノ（Nagano）創作，作品副
標題《「這又小又可愛的傢伙》（日語：
なんか小さくてかわいいやつ）簡稱為
「ちいかわ」，也就是現在的名稱。主
角「小可愛（ちいかわ）」一開始是在
作者 Twitter 帳號上，搭配「希望變成這
樣的樣子」的說明一起被描繪出來的二
頭身動物角色，2017 年左右開始被公開。
這系列從 2020 年 1 月起在 Twitter 進行
連載，之後由講談社出版成五冊的單行
本。2022 年 4 月電視動畫首播。故事講
述「小可愛」和他的朋友小八貓和兔兔
的日常的故事，他們長得很可愛，卻有
著「以工作賺取收入過生活」的現實
背景。可愛生物受到欺凌展現出「脆
弱」的一面反而更加令人覺得可愛，
成為這系列受歡迎的原因之一。

パンどろぼう 麺包小偷

由繪本開始走紅的《麵包小偷》（パンどろぼう），是插畫家柴田啟子的作品。故事內容描述一隻超愛吃麵包的小老鼠，因為太愛吃麵包而從各大有名的麵包坊偷麵包的故事，因為麵包小偷被畫得太可愛，所以小朋友都很喜歡，而這隻小老鼠趣味的神韻也勾住大人的心，在日本擁有不少粉絲。現在除了書店能買到繪本之外，也推出不少周邊商品和扭蛋，喜歡的朋友們可以買來收藏唷！

特殊的健康商品

> 日本真的是什麼新奇的、神奇的東西都有，藥妝也好、美食也好，只要一段時間沒去日本，就又會發現一堆讓人大開眼界的新東西。我自己覺得，疫情後最明顯的就是「健康商品類」增加許多，經歷一個疫情，大家變得更加重視身體健康和心理健康，原本一季會推出一樣新品的品牌，現在都一次推出3～5個，以倍速增加的形式直線上升。

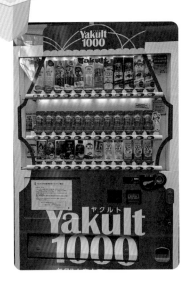

01 養樂多 Y1000

小兵立大功，這句話套在 Y1000 這個商品上完全符合。這個疫情期間爆紅的新款養樂多「Y1000」，因為強調幫助放鬆和助眠，所以一推出就讓眾人眼睛一亮，主打著含有 1,000 億個シロタ株乳酸菌，能夠幫助緩和壓力與緊張的情緒，同時提升睡眠品質，增加熟睡時間及熟睡程度，協助身體獲得充分放鬆與休息，並且睡醒後的疲倦感也會大幅降低。雖然因為紓壓和助眠這兩個效果獲得關注，但其實這款乳酸菌也同時對改善腸道環境很好，所以跟以往的養樂多比起來增加很多效用，也難怪一推出就大受歡迎。Y1000 有分兩款，零售版及宅配版，兩款的包裝不一樣，通常在超市買到的是 Y1000，自動販賣機買到的則是 Yakult 1000。兩款的內容有些許差異，容量、菌數和價格都不同喔！我自己覺得兩款喝起來差不多，味覺上感受不到差別，推薦大家兩種都可以試試。

官網

幫助睡眠的沖泡飲

目前市面上有很多很多助眠相關保健食
品，其中我自己已經回購過的就是這
個「ヤクルトのねむりナビ（茶氨酸
飲）」，其實訴求可以助眠的成分有非
常多，但我自己試過多種之後，發現
我對「茶氨酸」這個成分比較有感，所
以後來都特別挑選茶氨酸相關的產品來
試。而這款日本養樂多出品的茶氨酸飲，

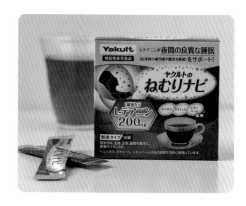

目前深得我心，它是我試過很有感的商品，內容物是單包裝的形式，裡面是粉末
狀，所以很輕也很好攜帶，我就算出差也都會隨身帶著，睡前沖泡一杯來喝，不

用太多，大概 100ml 左右即可，我每次喝完大概過
5 分鐘就有一點睡意，睡醒後的精神也滿不錯的，所
以我滿喜歡。它的成分包含洋甘菊國寶茶、檸檬香
蜂草及茶氨酸 200mg，而且不含咖啡因，所以喝起
來像花草茶，有淡淡的花草清香味，
我覺得滿好喝的，推薦給有需要的朋
友。

官網

 ## 改善記憶力的啤酒

現在真的健康意識抬頭，幾乎任何東西都可以跟健康勾上邊。但真的意想不到，現在居然連專門出啤酒的 SUNTORY，也加碼推出旗下品牌「ALL-FREE」無酒精啤酒的升級版：「提升記憶力款」。這真的超瘋的，誰會想到提升記憶力居然能跟啤酒沾上邊？有時真的不得不佩服日本人的瘋狂點子。據說，這款啤酒因為添加了 GABA（γ-胺基丁酸）的天然氨基酸，所以有助於提升記憶力。這樣的訴求真的很有趣，先不管效果到底有多少，但已經達到趣味宣傳的效果，也讓更多人認識這款 ALL-FREE 無酒精啤酒。對了，這罐提升記憶力的啤酒，它零卡路里、零糖類，想控制體重的朋友也可以安心飲用！

官網

04 防止尿酸過高的優酪乳

看到這罐優酪乳的時候，我反覆揉了幾次自己的眼睛，不敢相信居然連優酪乳都有這種可以抑制尿酸過高的功能訴求！這款是明治推出的「プロビオヨーグルト PA-3」有優酪乳和優格兩種商品，因為加入了可以抑制尿酸過高的乳酸菌株 PA-3，所以能夠幫助抑制尿酸值上升，讓身體不易進入痛風的狀態。優酪乳本身低糖、低卡路里，可以每天飲用，主要適合容易有尿酸過高的

官網

體質來喝，一般正常體質的話就不需要喔！其實明治這系列 2015 年就推出了，但當時社會對於健康的整體意識不夠強烈，所以雖然也創造一波話題，但宣傳度不夠廣，直到 2019 年再次推出這系列，剛好又碰上疫情，才讓抑制尿酸的 PA-3 系列被更多人看見！

05　控制血壓、血糖的優格

相較能夠抑制尿酸上升的優酪乳，這款訴求控制血壓、血糖、抑制中性脂肪上升的優酪乳，或許是更多人需要的一款。這是森永推出的「トリプルヨーグルト」優格系列，是優格業界第一個把這三項訴求合而為一的一款，並且三種機能的訴求都經過實驗及數據認證，是日本國家官方認證的機能性優格。零脂肪、帶有自然甜味，一上市後受到許多年長者的喜愛，變成每天固定會吃的優格，有 91% 的人覺得吃起來是美味的優格，有 83% 的人表示是吃完後會想回購。我自己也買過這款來吃，我覺得味道上與一般優格沒什麼差別，所以不用擔心會無法接受，基本上就跟吃一般優格一樣喔！這個系列除了優格，也有優酪乳，官方建議一天吃一個即可，吃多也無益。

官網

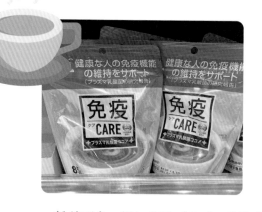

06　維持免疫力的可可粉

想要輕輕鬆鬆就能維持免疫力？那來杯熱可可吧！一般大家認為偏甜、可能對身體不太好的可可粉，沒想到也成為訴求維持免疫力的健康食品之一。這款也是森永推出的保健食品，內容物就跟一般的可可

粉差不多，但加入了プラズマ乳酸菌，所以訴求因為可可擁有高抗氧化的可可多酚成分，所以可以進一步幫助原本就健康的人維持本身良好的免疫力，幫助抵抗細菌、花粉、流感病毒等對身體的傷害。

官網

07 改善關節行動力的飲品

翻到這個章節，是不是覺得優格的世界太神
奇？一般我們吃優格就只是因為想攝取些乳酸
菌，但在日本，優格（或優酪乳）已經多了許
多加乘功效，有防止尿酸高的、降血壓血糖的，
還有這款可以改善關節行動力的！你沒看錯，
沒想到喝優格也能改善關節症狀～ 這款雪印出
品的優酪乳，因為添加N-アセチルグルコサミン（N-乙醯葡糖胺），
所以主打能夠減緩關節移動時不適的感覺，主要對象年齡層是 50 歲
以上的長者。喝之前需要先搖勻，味道就跟一般飲料差不多，大眾
接受度還滿高的，不是很可怕的味道喔！

官網

08 舒緩鼻子、眼睛過敏的優酪乳

前面提到可以抑制尿酸的優酪乳、降血壓血糖的優
酪乳，另外還有這款可以舒緩鼻子眼睛過敏的優酪
乳，是不是忍不住又想呼喚傑克了？這也是一個神
奇的訴求啊！一般大家對於乳酸菌能夠緩解過敏的

功效還算熟悉，但要特別指定針對鼻子和眼睛這麼專門的項目，就變得很特別。
只要有過敏經驗的人都知道，一旦過敏發作，眼睛跟鼻子真的都會很不舒服，會
很癢、很想揉、一直打噴嚏等等，我自己也曾經過敏過，所以一看到這訴求就覺
得正中紅心，如果過敏犯了，我也很希望這些症狀可以很快就舒緩，
不然真的非常難受。能夠針對過敏緩解的乳酸菌株是「乳酸菌ヘル
ベ」，它加入在優酪乳中算是食品，所以就算是有吃抗過敏的藥也
同時可以喝這個喔！小朋友喝也沒問題。

官網

09 兒童吃的番茄醬

現在大家小孩生得少，每家的孩子都是心肝寶貝，父母們也都更重視孩子的身心健康。既然重視孩子的健康，當然就會慎選他們吃進肚子裡的所有東西。我某次在日本逛超市，意外發現有一大片孩童專區，專門提供無添加的食品，像是無麩質的麵條、鬆餅粉，無添加物的咖哩塊，無化學調味料的醬料等，其中最讓我印象深刻的就是這個兒童番茄醬！以 7 種類的蔬菜水果為原料，具有溫和的甜味，不使用會引發過敏的食材（包含：蛋、奶、小麥、花生、蝦蟹⋯⋯等），並且不含化學調味劑和防腐劑，同時鹽分也有控制，是一歲以上就能吃的健康版番茄醬唷！這款醬料的廠商同時還有推出一歲以上的咖哩醬、大阪燒醬、高湯等，選擇好多也好實用，不只孩子可以吃，我也滿推薦大人可以試試這系列，吃得健康又安心！

官網

10　素食者能吃的優格

一般吃純素的人都無法吃優格，因為優格主要是以牛奶製作的，但日本近幾年流行起純素者也能吃的「豆乳優格」。完全不使用乳品、含有大豆異黃酮、零膽固醇，使用的乳酸菌皆以植物由來成分製作，同時還有改善便祕的功效（經日本官方驗證許可）。我實際買來吃過後，覺得豆乳優格的味道和牛奶製作的優格很不一樣，吃起來有明顯的酸度，剛開始會覺得不太習慣，但吃一陣子後漸漸適應那個味道了。豆乳優格除了可以直接吃，也能應用在許多料理或烘焙上，很多甜點改用豆乳優格的話，甜度降低很多，一般人的接受度就變得比較高。這在日本各大超市都很容易買到，大家有機會看到可以買來試試，價格通常日幣 200 左右就一大罐，不是難以親近的商品唷！對了，同品牌還有推出豆乳起司，膽固醇減少 95%，與一般乳製品相同，也可用於製作披薩、麵包，吃起來的口感非常類似喔！

官網

奇妙的新奇商品

日本真的什麼都有、什麼都不奇怪！有創意的日本人非常擅長開發各種新奇有趣的商品，有些很新奇又很實用，有些很新奇但非常不實用～哈哈！不過，因為時常有新東西出現，所以出現好東西的比例也較高。我很愛逛日本的大型賣場，像是家電類的 Bic Camera、雜貨類的 Loft，因為總是能在他們的賣場找到最新最好玩的趣味新品，每次逛完一圈出來都有全新的感受！

01 餅乾口味沐浴球

日本人真的很有趣，為什麼連沐浴球都做餅乾口味啦 ?! 是有愛吃洋芋片到這個地步嗎？連泡澡時都想要聞到洋芋片的味道～哈哈哈 真的很難想像泡完澡後全身都是洋芋片味是什麼樣的感覺，除了一般的洋芋片口味，還有辣味、炒麵口味、棒棒糖口味……等，真是令人眼界大開。這是日本湖池屋與ドウシシャ共同開發的入浴用化妝品「ポリンキーバスボール」，一顆 60g，價格為日幣 550 含稅。聽說開賣後也頗受好評，因為實在太奇特了，非常受年輕族群的喜歡，現在除了基本款的洋芋片口味，更新增了很多不同的期間限定口味唷！

官網

02　智慧戒指

智慧型手機幾乎人人都有，但你聽過「智慧戒指」嗎？這個戒指真是讓我大開眼界！自從可以用手機和手錶偵測健康狀態後，很多人都開始戴起健康手錶，時時觀察自己的心跳、脈搏、步數等，但現在出現更新型態的健康觀測器，是「戒指」！這款新推出的「SOXAI RING」，

搭載日本最先端的技術，內建光學感應、溫度感應、速度感應等微小儀器，所以具備監測心跳、血氧、體溫、活動量等，能夠隨時知道自己身體的狀況，觀察睡眠品質、壓力指數和憂鬱程度，完全符合現代人的需求。日本開發、日本製造，是目前世界上最小的人體健康守護者，一個只有 3g，隨身佩戴不易影響生活，比手錶更小也更好配合每日的穿搭，一週只需充電一次左右，每天戴不拿下來也可以唷，而且能夠防水，潑到水也不擔心！目前共推出四色，玫瑰金、銀色、黑色、

霧面銀，一個售價日幣 33,000 左右。2022 年 3 月初次公開發表，一分鐘就完售，目前因為賣得太好、供不應求，暫時停止販售，2023 年 12 月再次對外販售，有興趣的朋友可以留意他們官網喔！

官網

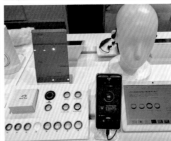

03 自用穿耳洞機

這個東西不是新品，我很久以前就發現它了，但到現在我還是對它的存在感到驚奇！這是一個自己打耳洞的機器「Q73 瞬間ピアッサー」，日本製造，使用醫療用不鏽鋼，並經過 EOG 滅菌，單耳一次性使用，裡面附一個銀珠的耳環，打洞的瞬間就會直接戴上。一般在台灣，想打耳洞都會去找有賣耳環的店家來打，但在日本，自己買這種機器回家打比較盛行！不知道大家敢不敢自己用這種耳洞機？我自己是光看到就覺得下不了手，感覺要有極大的勇氣才有辦法刺下去啊～ 如果想找這類商品，一般在藥妝雜貨店或藥局可以買到！單個價格在日幣 700 左右，價格會根據你挑選的耳環樣式而有差異喔！

官網

官網

04 繡球花雨傘

煩人的下雨天，最適合來點讓人心情好的小物了！這款由「FELISSIMO」推出的繡球花雨傘，因為實在太美太可愛，一推出就引爆話題，日本當地也引起一波搶購。因為繡球花開的季節剛好是雨季，每次去賞花都很容易遇到陣雨，因為這個關係，這間公司就推出了這款繡球花傘，直接把美到不行的繡球花印製在透明傘上，讓我們在梅雨季節也能隨時賞花，照映在地上的美麗繡球花影也時時刻刻陪伴著我們。

05　性感大根抱枕

你知道長得最像人的蔬菜是誰嗎？答案就是——大根（蘿蔔）。印象中看過好多次日本種出人形蘿蔔的新聞，有些真的非常巨大，而且根鬚也長得像人的手腳一般，又好笑又可愛！因為太多大根君了，所以「FELISSIMO」也推出了這款

「大根抱枕」。不得不承認，大根抱枕抱起來真的好舒服，而且他的根鬚實在很好笑，不管把他放在哪裡，他看起來都像故意擺了 POSE 給我看一樣，感覺就像個賴在沙發上（或床上）的豬隊友！哈哈哈，我非常愛大根抱枕，因為罵他他也不會回嘴，只會搞笑給你看，超級紓壓，看了就讓人心情好，強烈推薦每個家裡都備一個！

官網

06　貓咪蓮花座

這個真的太好笑了！貓主子請上座。把貓咪睡窩跟蓮花座結合在一起，真是絕妙！日本跟台灣對於蓮花座的定義有異曲同工之妙，這個設計對日本人來說是好笑和可愛又加上一點莊嚴，對台灣來說，也是。

這款貓咪蓮花座貓窩，在日本當地還有特別拿去神戶的「須磨寺（福祥寺）」請住持替貓窩加持祈福，祈願使用這貓窩的貓咪都健康長壽、平安快樂。這真是太有趣了啊！不過，這款蓮花座貓窩尺寸偏小，比較適合體重約 3 ～ 4 公斤左右的貓咪使用，超過的話就無法整體進入蓮花座，會變得很好笑唷！如果大家家裡養的是小型的貓咪，可以買來試用看看～

官網

矯正駝背玩偶（ふんばるず）

日本人的 IDEA 真的很多，這到底是怎麼訓練出來的，我非常好奇！開發一款防止駝背的商品，居然也可以設計成這麼可愛的玩偶，這教人不想掏錢出來買單都不行！市面上有很多防止駝背的相關商品，多數是矯正坐姿的椅墊，還第一次看到有這種把娃娃夾在中間就可以防止駝背的聰明設計，不只實用還非常可愛，不愧是日本開發的。實際體驗過後，發現還真的滿實用，因為夾了一隻娃娃在身體跟桌子中間，所以必須一直把背部挺直，不然娃娃會掉落。但偷偷說，應該所有娃娃都可以有相同的功能啦，大家可以在家裡先找隻娃娃來試試看，先別衝動購物啊！

官網

08 史努比造型啞鈴

史努比好可愛啊！不過這個不是一般的娃娃，他們是造型啞鈴喔！是不是意想不到？這款由日本知名運動品牌 MIZUNO 美津濃推出的啞鈴，與花生漫畫聯名，推出三款造型啞鈴！有史努

比、查理布朗和糊塗塔克，三個都是一顆大大的頭，非常可愛！每顆頭 0.5 公斤，剛好很適合女生運動時鍛鍊用，一邊運動一邊有可愛的史努比陪著，運動起來都不累了！不運動時放著也是個可愛的裝飾，非常實用～一個的價格是日幣 4,950，以他可愛又實用的功能性來說，一點都不貴唷，很適合史努比粉入手！

官網

09 不濕手雨傘

繼先前出現的反向傘，近期又發現這一款也是設計很特別的雨天好物：「不濕手雨傘」。這款雨傘是由日本雜貨品牌 marna 推出，他們原先是以廚房用品為主，近期也開發出很多廚房以外的實用雜貨。這把傘叫做「Shupatto アンブレラ」，因為沒有雨傘綁帶，是靠獨家旋轉設計，讓雨傘收起時就自動被捲進傘中，主打用到最後都不會濕手，不需使用塑膠雨傘套，更環保更方便使用。實際使用後我覺得這設計真的很棒，收傘時就直接關好，不用再手忙腳亂綁起來，而且傘骨本身也很強壯，屬於比較耐操的傘型。如果你剛好想買把新傘，推薦可以試試看這款喔！

官網

吮指公仔

官網

又是一個超級好笑又奇妙的東西，他叫做「甘噛みハムハム」，我都叫他「吮指娃娃」。第一次是在 Loft 看到他，想說這隻娃娃看起來沒有特別的功能，應該就是個可愛的娃娃吧，不過他嘴巴開開的，就忍不住把手指放進去⋯⋯ 結果！他居然會開始咬我的手指！不過是輕輕的咬那種，像家裡寵物跟你玩的咬法，不會痛，但就是感覺被微微的咬著。後來研究了一下發現，這款娃娃是專門拿來咬自己手指的，強調是個娃娃界新體驗，太妙了啊！我只能說，現在這個世代已經有太多我無法理解的物品，大家有興趣的話可以親身去體驗一下！

Chapter **5**

必逛商圈、特色商店

新宿

雖然經歷了三年的疫情，但東京的流行指標地「新宿」，仍然開了很多家新的大型店鋪，不愧是人群集散地，有人的地方就有生意！相較東京其他地區，新宿的空屋或待租的店鋪似乎沒那麼多，大家到東京逛街怕撲空的話，來到新宿準沒錯！

01 Alpen Tokyo

這間店鋪真的太厲害了！2022 年春天在新宿東口、歌舞伎町對面開幕！一整棟滿滿運動用品、戶外用品的「Alpen Tokyo」，是近幾年運動圈、戶外圈、露營圈的最大話題店鋪，整棟從地下二樓到八樓，各種運動、各種年齡層的需求都能滿足，從運動鞋、休閒服飾、球類用品、戶外用品到露營用品，全部都有，而且提供的品項又多又好，想一次逛完、買齊休閒戶外或運動用品的朋友，你到東京絕對絕對不能錯過這間店！這裡販售的商品很多都能直接體驗，有搭好的帳篷、高爾夫球試打空間等等，讓你不只是眼睛看得很滿足，還能實際摸到商品、試用看看！當然，這裡也有退稅服務，可以先在各樓層結帳想買的商品，再統一到一樓退稅，非常方便！提醒大家，購物前別忘了先下載優惠券唷！

優惠券

02 迪士尼商店

迪士尼粉要尖叫了！在我們無法去日本的這段期間，迪士尼商店在新宿也開了一間超大旗艦店，而且位置超方便，就在新宿東口出來一分鐘的位置，往伊勢丹方向走就會馬上看到唷！這間迪士尼新宿旗艦店，是 2021 年年底開幕的，外牆上有個超大螢幕，時時刻刻輪播著迪士尼的不同卡通，光是站在門口就可以欣賞好久～ 裡面有三層樓，地下一樓到二樓，販售的品項很齊全，有最經典的迪士尼，還有皮克斯動畫系列和星際大戰等等，不只女孩來會瘋狂，男生們進去也都能逛得很盡興！一樓主要是最新主打商品和季節限定款，喜歡買新東西的話可以集中火力在一樓。對了！這間店有很多「當店限定商品」，連迪士尼樂園內也買不到唷！

介紹文

03　東急歌舞伎町 TOWER

新宿就是永遠有新話題！今年（2023）4月在歌舞伎町開幕的「東急歌舞伎町 TOWER」，從消息放出來開始就新聞話題不斷，是聚集娛樂、飲食、住宿於一棟的新宿最新地標！總共 48 層樓，17 ～ 47樓是飯店及餐廳，這裡進駐兩間飯店，18 ～ 38 樓屬 於「HOTEL GROOVE SHINJUKU」、39 ～ 47樓則是「BELLUSTAR TOKYO」，總共只有 97 間客房，每間客房都有超大面窗戶可以眺望夜景喔！9 ～ 10 樓是電影院，裡面的螢幕有三面牆，是全方位的視覺效果，體驗起來超讚。6 ～ 8 樓是劇場，有 900 個座位，可舉辦音樂劇、舞台劇等等。三樓有 NAMCO 扭蛋中心，超多台扭蛋，扭都扭不完，然後二樓有美食區，開放型的餐廳氣氛超熱鬧！

官網

原宿

" 想探索日本年輕一代的流行趨勢,「原宿」是你一定要去的地區,尤其是巷弄間的小店,那些才是代表日本流行文化的風格。在這裡你有很多店可以逛、很多可以吃,記得多繞繞不同的巷子,一定能發現更多還未被發掘的好店喔! "

01 NUMBER SUGAR

牛奶糖是大家從小吃到大的零食之一,但最近日本這間「NUMBER SUGAR」把牛奶糖變成高級伴手禮了!創立於 2013 年,一開始這間店以「焦糖」為主要產品,而牛奶糖是其中一個品項,後來因為非常受歡迎,所以接連開發出多種牛奶糖口味。這間店就只有賣牛奶糖,以手工製作,所以每日販售數量有限,售完就會提前打烊,店家以數字來編號每個味道,總共有 12 個口味,香草、鹽味、肉桂、巧克力、覆盆子、蘭姆葡萄、黑糖、芒果、咖啡等,每個口味起來都獨具特色,糖果本身的質地偏軟,像是現在流行的「生」口感,不會很硬很難咬,反而非常好入口,而且真的每款都吃得出不同的味道,不是只有甜味而已,算是大人系的牛奶糖。除了可以購買單顆自己選口味,店家也提供各種口味都有的

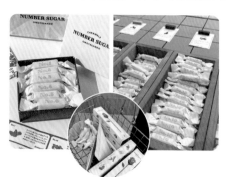

禮盒包裝,看起來都非常精美,很適合買來送人唷,我每次買這個來送,對方都很喜歡!對了,他們也有硬式的牛奶糖,我也非常推薦。

Gmap

官網

02　KIDDY LAND

很多人到日本都想買各種卡通人物的可愛小東西，一般在其他地區都分布在不同的商店裡，但來到 KIDDY LAND 你就可以一次買齊。這間 KIDDY LAND 非常經典，一整棟什麼可愛的東西都有，想買最新的可愛小物來這裡就對了！一樓通常會有近期最新的可愛角色，所以如果想看看有哪些新的還不認識的角色，請專攻一樓。史努比、迪士尼、吉卜力、三麗鷗、小丸子、哆啦 A 夢……等各個知名的卡通角色在這都能買到，從大到小的娃娃、文具用品、家用雜貨到擺飾，全部統統都有，想慢慢挖寶的話來這裡很適合，不過，這間 KIDDY LAND 非常熱門，不只日本人愛去逛，也非常多海外遊客來朝聖，所以一年到頭都很多人，想去要先作好心理準備唷！這間店可以免稅，只要購買金額達到免稅標準，記得跟店員說一聲唷！

Gmap　　官網

03 @cosme 原宿旗艦店

疫情後最推薦必逛的美妝店，就是這間
「@cosme 原宿旗艦店」。店鋪在 2020 年
開幕，但因為剛好是疫情期間，所以幾乎
多數觀光客都還不太熟悉這家店，直到開
放後，現在幾乎天天湧入大量人群，因為
店鋪本身很有特色，所以我覺得一定要介
紹給大家。這間 @cosme 原宿旗艦店總共有三層樓，提供超過 200 個美妝品牌，知
名的百貨專櫃品牌和小眾的開架品牌都有，價格從高到低，不管想選擇哪一種，都
可以來這裡找到最適合你的一款。店內最大特色有三個：排行榜、試用區、專業諮
詢。@cosme 本身就是以排行榜著名，在他們的網站和其他分店也都會看到各種類

別美妝品的最新銷售排行，這部分很方便，可以讓完
全無頭緒的顧客有一個參考指標，賣得多通常就是很
受歡迎，跟著買就對了。@cosme 的試用區也是他們
一直受顧客好評的獨家特色，在店內提供方便顧客試
用的區域，有水、清潔劑、化妝棉、棉花棒等用品，
大家試用後就可以馬上清洗，不用擔心留在手上會沾
到衣服或包包，非常貼心！最後是專業諮詢的部分，店內無論是專櫃品牌或開架的，
都有非常多櫃姐在貨架附近，想找東西、想請店家推薦用品都可以請櫃姐幫忙，他
們都很熱心提供協助，對觀光客來說也是很安心的一項服務。我本身逛過幾次，覺
得這裡的商品都更新很快速，想找新東西可以直接來這沒問題，而且品項齊全、色
號也都幾乎一定有，想追蹤最新美妝商品的話一定要來這喔！

Gmap　　官網

04　I'm donut?

原本我對於這間甜點店的名字很疑惑，如果是賣甜甜圈，為什麼會寫「I'm donut?」？但我吃過之後，我就認同了他們的店名！這是一個甜甜圈嗎？我吃完後還是沒有答案～哈哈哈 我必須先說，這個甜點是好吃的，而且吃起來與眾不同的，但對於該怎麼稱呼它，我也是不太確定。我去的是 I'm donut? 原宿店，這家販售的甜點只有兩款，無包餡和有包餡的甜甜圈，我吃的是原宿店限定的無包餡現炸生甜甜圈，有原味、巧克力和抹茶三種口味，每一個的價格都不同，外帶盒一盒三入是日幣 810。這個生甜甜圈吃起來的口感很不一樣，它外形像個小麵包，中間沒有洞，所以乍看會看不出來它是甜甜圈，但一口咬下，整個在口中環繞的香氣彷彿告訴我，它就是甜甜圈沒錯，味道跟一般甜甜圈很類似，不過口感則是完全不同，它不像一般甜甜圈像麵包般紮實，整體是非常鬆軟，完全就是「生」的口感，很軟綿。而且它的口味不是以加入的內餡

來決定的，像巧克力就是把巧克力原料拌入麵糰，所以整個都是咖啡色，抹茶也一樣，裡面沒有包內餡，但整體都是綠色的唷，用料很實際，不是一種原味加上各種餡料而已！它的口感真的很特別，非常推薦，大家有機會可以買來吃吃看！

Gmap　　官方 IG

澀谷

身為年輕人的集散地，「澀谷」比其他地區更多了分個性，這裡包容接納更多不同類型的次文化。跟原宿算是在同一個地區，搭車只要一站，慢慢走逛街的話散步就能到。澀谷與原宿不同之處在於店鋪的類型，澀谷有比較多大型百貨商場，所以也有較多大品牌進駐於此，如果想買潮流風格的大牌子，來澀谷會是比較好的選擇喔！

01 宮下公園

疫情期間最受關注的澀谷商場，就是「宮下公園」。宮下公園的前身就是一個都市公園，但因為有 60 多年歷史，老舊設施須更新，所以搖身一變，變成現在我們看到的新型態綜合型商業設施，結合公園、商店、餐廳和飯店，變得豐富又有趣。宮下公園（RAYARD MIYASHITA PARK）有 4 層，1～3 樓是商店和餐廳，頂樓有一大片的公園，同時往原宿那一側還有一間飯店。商場內的空間很寬敞，逛起來非常舒服，品牌也很多，服飾雜貨、文具小物、休閒運動都有，還有非常多餐廳和甜點。

官網　　　　Gmap

宮下公園內推薦的店鋪

● and wander

這是近幾年戶外／登山界這幾年很紅的品牌，很多台灣朋友去到日本都會買他們的包包回家。這間 and wander 的商品很多，算是品項很齊全的一間店，休閒服飾、包包配件、杯子和碗等小物都有，喜歡這品牌的朋友可以來這裡慢慢逛。如果你來逛了覺得很喜歡，但又只想挑一個單品下手，那我絕對會推薦你買後背包！包包是 and wander 的經典款，有分大中小三個尺寸，建議大家依需求挑選，他們家後背包功能性非常強、材質也硬挺不易壞，重量很輕，很適合各種戶外活動使用。店內提供免稅，買起來非常划算喔！

93

THE NORTH FACE Backmagic

這間 THE NORTH FACE 很不一樣！它裡面服飾類不多，主要是賣包包跟鞋子，雖然店內空間不算大，但是包包款式超級齊全唷！後背包、腰包、購物袋、大型置物袋……等等都有，我在其他店沒看到的商品，幾乎在這都能找到。而且啊，這間竟然還有「訂製服務」，THE NORTH FACE 經典的七款包型，這邊都可以自己選色、配色！擁有一咖自己設計的北臉包包，真的非常酷。店裡除了有放一台平板，讓大家在現場搭配顏色之外，也有提供布料樣卡方便大家對照，當時我有實際操作一下，發現包包幾乎每個地方都能換色，就連扣環、LOGO 也都可以，真的可以打造獨一無二的包包～極力推薦大家去逛逛！

HIGHTIDE STORE

這間店鋪很容易找到，從車站側一進來就會看到，然後你一定會忍不住停下來，因為東西太可愛。這裡的文具，每個都美到愛不釋手，用顏色來區分和擺放，實用的東西同時

也兼具美觀。而且這裡實用又可愛小物真的好多，包包、袋子、本子、筆，真的很想統統包回家，因為每個都用得到。有選擇障礙的人來這不會孤單，因為旁邊的人也都會跟你一樣。

• THE SHIBUYA SOUVENIR STORE

想不到吧！連百貨商場內都有伴手禮專賣店，真是太貼心了！近期很夯的東京伴手禮這裡有很多，像品客、Pocky、Calbee 都常推出各式東京限定伴手禮，這裡都可以買到喔，沒時間跑太多地方的，可以來這裡一次購入，方便又快速，而且當然也能免稅唷！

• MIYASHITA CAFE

來到宮下公園，必吃的東西就是它！幾乎所有來宮下公園的女生都會來一支這個霜淇淋，奶味濃厚、造型可愛，好吃也好拍，口味選擇也很多，時不時還有期間限定口味喔！

• 屋上哆啦 A 夢任意門

逛完宮下公園別急著離開，樓頂還有個必拍照的打卡景點：哆啦 A 夢任意門。這個任意門很大一座，是常設設施，不是短期限定，推薦大家有來這裡一定要上來拍張照，超可愛的唷！

02　SCRAMBLE SQUARE

這棟與澀谷站共構的商場，是 2019 年開幕的，但因為隔年就遇到疫情，所以也是許多海外遊客還不太認識的一間，不過我每次經過都會去逛，裡面有非常多我喜歡的品牌，也分享給大家。它的頂樓「SHIBUYA SKY 展望台」非常有名，從透明玻璃的展望台上，可以拍出各種不同角度的絕美景色，是目前澀谷最知名的新地標。每天早上 10 點開放到晚上 22:30，白天和晚上可以拍出不同的風格，由於非常熱門，建議一定要提前先購票，以免臨時到現場無法進入。對了，有時候因為天氣的關係，也可能有臨時不開放的情況喔！單次入場的門票是日幣 2,200/ 人，另外也有販售年間門票，一張是日幣 7,500，不限次數可以重複進入，而且不用先預約，同行的朋友只要半價，我覺得還滿優惠的，如果想隨時都能上來拍，買年間門票最划算喔！

Gmap　　官網

SCRAMBLE SQUARE 百貨內推薦的店鋪

- BAUM

這是資生堂旗下的有機品牌，全系列主打有機，感謝樹木與我們共生，並期許將樹帶給這個世界的恩惠，傳遞給世上的人們。包裝設計的非常有質感，將商品與木質融為一體，每一款商品拿在手上都多了自然的溫潤感，彷彿能感受與大地的結合。推薦大家靠櫃體驗看看唷！

- OSAJI

「OSAJI」也是主打天然有機的保養品牌，全系列根據皮膚科學來開發，製作出敏弱肌也適用的有機保養品，品項也從臉部延伸到身體、髮品、口腔保健甚至是美妝系列。OSAJI 的商品設計都非常簡約，呈現日系質樸的風格，包裝的尺寸到顏色都讓人看了也覺得很舒服！

• CRISP SALAD WORKS

去日本玩都吃不到青菜很想念？那我推薦你試試
看這家「CRISP SALAD WORKS」。他們是以提
供沙拉碗為主的餐廳，來這裡就是沙拉為主食，
但他不是素食餐廳喔，可以選擇要不
要含肉類，但基本的調味並不是
素食為考量，想多吃點菜的人可
以考慮去這家。

• 中川政七商店

最具有日本文青風的雜貨鋪，就屬中川政
七商店了。這間澀谷店的占地很大，品項
多又齊全，從家居用品、餐廚小物、衣服
到最有名的紗布巾都有，如
果你喜歡他們家的東西，來
這間分店可以逛得非常開心
唷！

優惠券

• つるとんたん (TsuruTonTan) UDON NOODLE
   Brasserie 澀谷店

這間餐廳我超推薦！如果想欣賞澀谷高樓美景，但又
想同時吃點東西，來這間烏龍麵店就對了。這間「つ
るとんたん」看起來像個漂亮的酒吧，但其實它是烏

龍麵餐廳唷，位在 13 樓，有一面可以俯瞰澀谷市景的玻璃窗，可以一邊吃麵一邊看美景，非常享受。而且價位不高，一份餐點大約日幣 1,000 上下，算是非常實惠的好選擇。

Gmap   官網

03　PARCO

日本的百貨公司中，最貼近年輕潮流的一間，就是「PARCO」。特別是澀谷這間分店，向來是年輕人很愛朝聖、採買的一家，裡面集結非常多新的潮流品牌，在 2019 年改裝重新開幕後，因為加入了寶可夢和任天堂兩大生力軍，加上新增許多新的話題品牌，所以變得更熱門了。如果大家想一次逛到寶可夢和任天堂商店，那澀谷 PARCO 絕對是你最好的選擇！

PARCO 澀谷店內推薦的店鋪

• Pokémon Center

喜歡抓寶嗎？快來這間寶可夢中心！占地非常廣大，裡面有各時期的神奇寶貝、玩偶、文具、雜貨、服飾等等，什麼都有賣！店內還有很多大支的經典角色，非常好拍，帶小朋友來這他們都會瘋狂啊！不過這裡假日人偏多，有時候需要排隊進場喔，結帳也很需要耐心，因為大家都來買很多東西，會需要花點時間買單啊～

官網

99

• 任天堂中心

跟寶可夢在同一樓層，這間任天堂當然也是必逛無誤！都在隔壁了，還有什麼好考慮的？所以我說想一次逛滿逛好的朋友，澀谷 PARCO 你一定要來！這間占地也很大，所有任天堂相關的角色都有很多周邊商品可以買，來這裡絕對可以滿足你的心靈。（但荷包請小心）順帶一提！場外還有很多期間限定的任天堂角色不時更換，大家不同時期去逛可能會看到不同的唷，記得拍照留念，因為之後可能就看不到囉！

官網

• JUMP SHOP

一樣也是在 6 樓，寶可夢和任天堂逛完，旁邊的 JUMP SHOP 也可以來看看有什麼新的好物！本來就有在追週刊少年的粉絲，順道花幾秒走過來逛逛，有時候也會有意外的新發現唷～ 近期海賊王真人版很夯，現在也不少歐美遊客到澀谷這間 JUMP SHOP 踩點呢！

官網

• NORDISK CAMP SUPPLY STORE

這個品牌可能一般人比較陌生，但對於像我一樣有在露營的朋友，應該就非常熟悉啦！NORDISK 是來自北歐丹麥的戶外露營品牌，他們最有特色的商品就是使用科技棉和有機棉所製作的戶外用品（如帳篷），以米白色系為主調，看了就讓人覺得舒服～ 台灣有販售此品牌的門市較少，大家有機會去東京的話剛好可以到澀谷 PARCO 來看看喔！

官網

• 極味屋

這家「極味屋」的漢堡排，雖然在網路上沒有被炒得很誇張，但它也非常好吃，而且是很多日本人私下推薦的必吃餐廳喔！除了東京車站的店鋪，在澀谷 PARCO 也有一間，所以如果剛好來逛街就可以順便品嘗！不過，澀谷 PARCO

店比較多人，所以來吃這家需要小排一下喔！極味屋的用餐方式很特別，每個座位前方都有自己的一塊小鐵板，這是提供給大家自己煎肉用的，因為這間餐廳供餐的方式是廚師會先幫你稍微煎一下漢堡排，然後就會給客人後續自己操作，可以決定自己喜歡的熟度，每一口想吃多大也都可以自己決定，有種邊吃邊玩的感覺，滿有趣的。

官網

有樂町

「有樂町」是我很常來的一個山手線上的車站，主要因為有樂町的旁邊就是銀座，我時常會從有樂町站下車，先逛逛車站旁的O1O1百貨和Lumine百貨，然後沿著街邊小店一路往銀座一丁目逛去，中間會途經我也必逛的 Loft 銀座店和無印良品銀座店，把這些店家串在一起，就是我最常在銀座逛街的路線。有樂町的觀光客相較其他地區少一些，所以逛起來也很自在，有些餐廳的排隊人潮也少滿多的（噓）。

Truffle BAKERY

因為木村拓哉超愛吃而大紅大紫的「Truffle BAKERY」也是疫情後熱門的店家之一。他們家最有名的就是招牌的「白松露鹽奶油麵包」，每天只有幾個時段出爐，出爐前總是有大批顧客在門口等候，然後出爐後不久就會完售，而且每個人還有限購數量唷，真的是非常非常熱門！

「Truffle BAKERY」是 2017 年開立的麵包店，因為著重選用特別
食材來製作麵包，所以開幕以來就不斷創造新話題。目前在日本開
立了 17 間分店，東京有 7 間，有樂町車站旁的這間迷你店是我最常
買的一間，主要是因為地點對我比較方便，不是比較容易買到唷，哈哈

哈！這款白松露鹽奶油麵包真的是非常吸引人，先不
要說口感和味道，光是排隊時一直聞到這松露味，就已經令
人口水直流了～ 吃起來當然也完全沒話說，剛出爐的松露麵
包就是壓倒性的美味啊！

Gmap   官網

02 MOOMIN SHOP

這間是日本第一間 MOOMIN 長期
設立的專賣店，2022 年 12 月才開幕，
還非常新唷！過去 MOOMIN 的商品
都是在餐廳附設的賣店販售，終於等
到他們有自己的專門店，太棒了啊！
店裡面囊括所有 MOOMIN 的可愛週
邊周邊，包含娃娃、伴手禮、文具小
物、家用雜貨和海報等等，如果你是
MOOMIN 粉，那一定要安排時間去
逛逛，相
信絕對會
收穫滿滿
滿！

Gmap   官網

03 Chacott

「Chacott」這間店很特別，是芭蕾舞用品專門店。以前我就知道這個品牌，因為他們有出彩妝品，而且非常好用，因為是給芭蕾舞者用的，所以非常持妝不易脫落，在日本各大美妝店也都買得到。但這間在有樂町的店鋪，不只有單賣彩妝品，連他們的芭蕾舞衣、芭蕾舞鞋、小裙子、包包……等都有，顏色都粉粉嫩嫩非常可愛，有小朋友的也有大人的，非常推薦有在學舞的朋友可以去逛，或是想買給家中學芭蕾舞的女孩們也很適合唷！

Gmap　　官網

04 林屋新兵衛

林屋新兵衛最知名的原創抹茶甜點，就是「抹茶葛ねり」（抹茶奶凍），這款甜點是他們的獨家產品，市面上沒有其他家有這款抹茶甜點，想吃只能來這裡。我吃了一次「抹茶葛ねり」之後就整個愛上，除了抹茶味超濃厚，那個軟綿又Q彈的口感真是獨特，吃起來就像奶凍一樣，像奶油般滑順且用舌頭輕輕滑過就入口即化，滿滿的抹茶香氣在口中爆開，滋味非常美妙！

Gmap　　官網

銀座

疫情後去了幾次東京，每次都看到銀座有新大樓正在蓋，很多店鋪也仍然大排長龍，雖然觀光客比起以往少了些，但各家店鋪還是都維持著生意，巷弄內的小店也還是生意興隆，不少知名的米其林餐廳仍舊是訂不到位～ 等過陣子新大樓都蓋好後，銀座應該會變得更繁華吧！

01 博品館

雖然銀座這裡滿路都是大品牌,但仍有一間整棟的玩具店座落在銀座底靠新橋附近唷,我說的就是這間創業124年的老字號「博品館」。這家店真的很厲害,已經有很久的歷史了,雖然地點有點偏,但生意還是很好,很多外國旅客想買玩具都會來這家,店內的選擇也很多,各種玩偶、模型、公仔幾乎都找得到。店內也能免稅,結帳時記得先跟店員說喔!

Gmap　　官網

02 銀座木村家 總本店

大家熟悉的銀座木村家,大部分的人都去一樓買麵包,但我想推薦的是上二樓用餐。二樓提供了輕食的餐點,如果跟三五好友銀座逛累了想找地方休息,很推薦來這裡吃中餐或喝咖啡唷!最推薦木村家二樓的炸蝦三明治,蝦肉Q彈飽滿,雖然不是很大份,但吃起來非常美味,每次我來這裡都會忍

不住點一份來回味～ 二樓也有提供一些麵包和甜點，蘋果派滿好吃的，一份日幣 980 還含飲料唷，滿划算的！如果有多點時間，或是想吃很多木村家的麵包，我推薦你上三樓，有正餐可以吃，而且還含麵包吃到飽，價格大約在日幣 2,000 左右，也不會太貴喔！

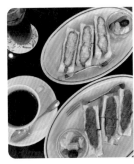 

Gmap　　官網

03　金田屋

「金田屋」店鋪位在銀座巷內，有別於傳統的草莓大福，金田屋的大福把水果都放外面，把日式的甜點改造成西式洋菓子的嶄新樣式，非常與眾不同！草莓大福的麻糬皮添加了竹炭成分，所以看起來黑黑的，而內餡取代紅豆泥的則是 Cream Cheese，吃起來有點鹹甜鹹甜，所以不僅不用擔心太甜，淡淡的鹹味反而更帶出水果本身的自然甜味！這個搭配組合我個人很喜歡，非常有特色、獨具新意。不過價格真的是不便宜，一個是日幣 1,100（含稅），但吃起來真的有種顛覆味蕾的感覺，滿推薦大家可以試試！

Gmap　　官網

04 銀座 八五

「銀座 八五」是我第一次特別早起去拿號碼牌的拉麵店，店名取為銀座八五是因為店內只有8.5坪，且用餐座位只有6個，以吧台形式待客，風格與一般拉麵店很不一樣。銀座八五拉麵的特色，是看似清淡如水的湯頭，這是主廚松村先生以法式料理概念所發想特製出的湯底，使

用雞肉、鴨肉、扇貝及蔬菜熬製而成，喝起來層次十分豐富。最更令我印象深刻的是那軟嫩得入口即化的厚片叉燒，太銷魂了！如果你想排一間拉麵吃吃看，請排這家，謝謝！

Gmap   官網

05 肉のハナマサ (Hanamasa) 銀座店

這家是24小時營業的超市，而且是位在銀座的超市唷，是不是很難想像?!店鋪就在博品館斜對面，比較靠近新橋車站，但因為主打低價，所以常常都很多客人，加上24小時營業，許多晚上想打發時間的觀光客也都會來逛！我在這間超市發現過幾次很便宜的水果，大家如果有機會住在銀座附近的飯店，晚上想買水果的話可以來這，或是進去逛逛也能挖寶唷！

Gmap   官網

Chapter 6

你意想不到的日本

> 每次到日本總會有新發現，疫情後，日本又出現令人眼睛一亮的新流行、新的便民措施呢？

01 行動辦公室

日本近年流行起「行動辦公室」！在各大車站出入口都會看到一間一間的小包廂，一開始以為是講電話專用，仔細研究才發現裡面可以好好坐著辦公，設備一應俱全。備有大型辦公桌、人體工學椅、空調、插座、無線網路，甚至連大型螢幕都有，可以直接在裡面視訊會議。

重點是隔音非常好，就算外面是車站也不會被打擾，內部也使用抗菌除臭等素材，是個舒適的辦公空間。

使用方法也很簡單，直接掃描 QR Code，搜尋地點及預約時間，抵達後，按下手機頁面的開鎖鍵就可以進去！使用時間以 15 分鐘為單位，每次日幣 275（各家收費不同），目前大多設置在東京地下鐵車站，其他城市陸續增設中。

介紹文　　參考網站

正常亮度

節電亮度

02 節電新措施

全球電價不斷飆漲，不只歐洲電價破表，日本這個用電大國也正面臨這個問題。為了因應電力吃緊，日本很多企業開始實施「節電措施」，部分便利商店及超市實行冰櫃關燈計畫，所以現在有時可能會覺得到店內比以往暗許多，不是燈壞了沒修，而是為了節電，不過不用擔心食物受影響，冰櫃溫度依然正常，只是關燈而已。

03 車站借你傘

你是不是常常忘記帶傘出門？一帶傘出門又忘記帶回家？日本車站推出了一台「IKASA 雨傘租借機」，提供貼心的雨傘租借服務。可以單次租借或選擇月租方案，只要先下載專屬 APP，以 LINE 或 Google 帳號登入後，選擇想利用的方案即可，使用非日本國內信用卡綁定也可以喔！借用時，掃描機台的 QR Code，即可取出雨傘，歸還時也很方便，直接插回任一處的機台即可。其實這個服務 2019 年就開始了，只是當時還沒有很普遍，後來又遇到疫情，所以多數觀光客不清楚。近幾次去日本發現使用範圍擴大，旅客常使用的路線幾乎都有，連在百貨公司也有看到，便利性大大提升，不需再花錢買不實用的便宜雨傘，可以減少資源浪費又環保，一舉兩得，提供給之後去東京玩的朋友們參考喔～

官網

04

OiTr 免費衛生棉

日本廁所貼心沒有極限，女廁竟然設有「免費的」生理用品提供機器！只要完整看完一次廣告，就免費提供一片衛生棉！為了避免贈品一下子被領光，免費衛生棉需要透過 OiTr 的 APP 才能領取，每人的領取次數也有限制，25天內最多只能領 7 片，領完一次後，最快 2 個小時才可以再拿一次。

OiTr 目前多在大型購物賣場設點，像是澀谷的宮下公園、有樂町的丸井百貨或是新宿 MYLORD 等等都有。如果人在外面突然有急用的話，記得轉頭看看廁所內有沒有這項服務，或許能幫助到你唷！

OiTr APP 下載網址

介紹文

iPhone

Android

05

APP 點餐付款功能

對不熟悉日文的旅客來說，在餐廳點餐確實是件很麻煩的事。我剛開始到日本旅行時，也常常因為點餐時語言不通，鬧了不少笑話。疫情之後到訪日本，我發現越來越多

連鎖餐廳，開始推行 APP 數位點餐了！不只可以大大省去和店員無效溝通的時間，還不用花時間排隊，超級方便。像是日本麥當勞，就有提供 APP 數位點餐的服務，只要提前先下載好「McDonald's Japan」APP 就能直接點餐，而且還能綁定 Apple Pay 付款，不用重新設定支付方式喔，儘管不是日本人也能操作！

日本麥當勞 APP 點餐，還有一點很值得稱讚——他們提供「店員送餐服務」！只要在 APP 下單時，註記自己的座位編號，餐點製作完成後，店員就會幫你送到座位上！不用爬上爬下取餐，對獨旅或是帶著小孩一起旅遊的家庭都很友善。

日本麥當勞 APP 點餐優點

① APP 上常有限定優惠能使用，有時候會比直接在櫃檯點餐便宜。
② 熱門用餐時段不用排隊，只要找到內用座位就能開始點餐。
③ 有送餐服務，餐點完成後不用自己去櫃檯領餐。
④ APP 可切換英文版，而且每款都有配商品圖，選擇餐點更直覺。

日本麥當勞 APP 下載網址

介紹影片

iPhone

Android

06 未來明信片

台場哆啦 A 夢未來百貨內，有一處專門寄信的小空間，這裡頭寄信方式非常特別！分成「馬上寄出的普通郵件」和「寄去未來的未來郵件」兩種。怕大家搞混，特別說明一下，未來信件的寄信期限，只限在一年內所指定的「月份」，無法指定日期，也不能寄到遙遠的幾十年後喔！

哆啦 A 夢未來百貨的明信片寄送服務是要收費的！店裡沒有提供免費的明信片，寄信需要先到結帳櫃檯自行購買明信片（或卡片）和郵票才能寄出。我上次寄未來信，總共買了一張明信片和三張郵票，大約花了 1,000 日幣左右。不過，寄往不同國家所需要的郵票張數都不太一樣，想了解實際費用的話，可以參考櫃台旁的價目表。

介紹文

07　手機版交通卡 Suica（西瓜卡）儲值辦法

對外國遊客來說，過往去日本旅遊最常用的付款方式就是「現金」及「信用卡」。但因為疫情的關係，支付方式也受到衝擊性的改變。疫情過後，日本全面走向「無接觸付款」，其中最盛行的就是「行動支付」，越來越多人開始使用西瓜卡等交通 IC 卡來購物付款。2023 年 6 月初 JR 東日本宣布要暫停販售實體西瓜卡後，更是把多數使用 iPhone 的遊客轉為手機西瓜卡，現在只要是使用 iPhone 手機，打開錢包就能快速加入日本 Suica 交通卡，不管是搭車或購物都能用，真的非常方便。儲值方式也更簡單，一是直接用 Apple Pay 付款（注：部分海外信用卡無法用 Apple Pay 儲值西瓜卡，VISA 卡也有部分無法使用），二是前往日本各大車站，使用購票機台儲值手上現金到手機內卡片中，所以不使用 Apple Pay 儲值也是可以的。另外再分享小 Tips 給大家！日本全國 7-11 ATM 也可以直接儲值 Suica 喔，不需到車站就能完成。

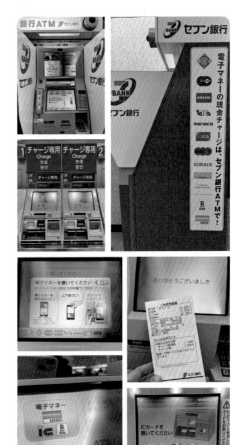

儲值方式

❶ 直接使用 Apple Pay 加值
❷ 利用車站購票機使用現金加值
❸ 利用 7-11 ATM 機台使用現金加值

介紹影片

08 行動電源租借服務

日本近幾年開始，行動電源租借的機台越來越多，幾乎在各車站、超商、餐廳、藥妝店都能看到，目前最常見的有兩個品牌，分別是 Charge SPOT 和 JUREN。Charge SPOT 設點較多，基本上各個車站、便利商店、賣場都有機台，借用、歸還會比 JUREN 方便一些。除此之外，Charge SPOT 還有支援跨國歸還，如果不幸在日本忘了還，還可以回台再還，比較不用擔心要支付額外的罰金。

Charge SPOT

如果在台灣有租借過的話，可以直接使用原有的帳號進行使用，而且，付款方式也不需要重新綁定，真的非常方便！雖然日本租借費用比台灣稍微高一點點（使用 30 分鐘內的最低金額就要 165 日圓），但是我覺得還算合理，旅行途中遇到手機即將沒電的緊急狀況時，別忘記還有這個服務可以及時救援唷！

- 不用重新申辦帳號
- 不用重新設定付款方式
- 不用重新下載 APP
- 行動電源上有附 Lightning、MicroUSB、Type-C 三種充電線

介紹文　　　　官網

使用方式

點開 APP 後，系統會自動定位到你在日本，並跳出通知詢問「是否要切換地區？」，按下確認鍵，就可以正常使用了。

① 掃機台上的條碼，開始租借。

② 機台彈出行動電源，拿出來即可使用。

③ 使用完畢，用 APP 搜尋附近機台，只要有空位都可以歸還。

④ 歸還完成後，綁定的信用卡會自動扣款。

09　郵局賣的更可愛

不要以為郵局只是寄信的地方，偷偷告訴你們，日本連郵局都很好逛！

特殊商品

日本郵局經常和卡通人物推出合作聯名，而且商品價格普遍親民，每次開賣都非常搶手。旅遊途中碰巧路過郵局的話，記得進去逛逛，會有意想不到的收穫唷！

來到郵局，當然不能錯過「郵票」啦，日本郵局出的郵票都很有特色，無論是卡通聯名或是地區限定，都很值得收藏！在日本買紀念郵票的方式比較特別，需要抽號碼牌臨櫃購買，以下我用東京中央郵便局為例，說明一下購買流程：

❶ 先找到「紀念切手」的位置（如圖一）。這邊會展示所有販售中的郵票，每款郵票都有標示編號，翻閱時記得先把想買的編號記起來。

❷ 拿一張紀念切手表格並填入想購買的「編號」、「購買張數」。

❸ 去抽「7號櫃檯 發券機C」的號碼牌。

❹ 等待叫號，把表格拿給櫃檯人員就能購買了。

小提醒：紀念郵票販售時間只到 17:00，記得要早點到郵局，才不會錯過時間唷！

圖一

介紹文

同場加映 **扭蛋在哪裡？**

到日本遊玩的旅客，除了喜歡景色和美食之外，還有很多小東西都是讓遊客瘋狂喜愛的，例如：扭蛋！不只是台灣旅客，在扭蛋機台前也時常看到一群一群歐美旅客聚在一起扭扭扭，這些精緻

又不貴的可愛伴手禮，也是支撐日本觀光的一大產業啊～ 除了日本大型扭蛋店「ガチャガチャの森」在日本各地有許多店鋪，也提供東京幾大扭蛋地點給大家！

- 原宿アルタ (ALTA) 2 樓（約 1200 台）
- 池袋太陽城 1 樓（約 1200 台）
- 晴空塔 4 樓
- 上野 ABAB 5 樓
- 川崎 Le FRONT 3 樓
- 大井町伊藤洋華堂 4 樓
- 武蔵小杉 GRANDTREE 4 樓 TOYLO PARK

官網

川崎 Le FRONT
3 樓

大井町伊藤
洋華堂 4 樓

武蔵小杉
GRANDTREE 4 樓
TOYLO PARK

各大特輯總整理

藥妝店折價券特輯

66

疫情過後，日本各大店家都用力地向觀光客招手。
藥妝店們更是使盡全力推出各種優惠方式招攬遊客。
相較疫情前，各大藥妝店給觀光客的購物優惠似乎也不斷提高，以往提供的
3%、5%、7% 購物折扣，現在也有些提升到 4%、6%、8%，再加上 10%
的免稅，幾乎打了快要 8 折呢！

99

如何獲得優惠券？

掃描此 QR Code 直接下載最新優惠券

優惠券

優惠券如何使用？

直接將圖片存在手機內或開啟優惠頁面，結帳時先提供給店員刷條碼即可。

店家	購物額度	可享優惠
松本清 マツモトキヨシ	滿 10,000 日圓	3%
	滿 30,000 日圓	5%
	滿 50,000 日圓	7%
SUNDRUG サンドラッグ	滿 10,000 日圓	3%
	滿 30,000 日圓	5%
	滿 50,000 日圓	7%
大國藥妝 ダイコク	滿 10,000 日圓	3%
	滿 30,000 日圓	5%
	滿 50,000 日圓	7%
唐吉訶德 ドン・キホーテ	滿 10,000 日圓	5%
Bic Camera ビックカメラ	買日本清酒達退稅門檻	3%
	買藥妝、食品、日用品達退稅門檻	5%
	買電器、手錶、玩具達退稅門檻	7%
鶴羽藥妝 ツルハドラッグ	滿 10,000 日圓	3%
	滿 30,000 日圓	5%
	滿 50,000 日圓	7%
札幌藥妝 サツドラ	滿 5,000 日圓	5%
SUGI 藥局 スギ薬局	滿 10,000 日圓	4%
	滿 30,000 日圓	6%
	滿 50,000 日圓	8%
COSMOS コスモス	滿 10,000 日圓	5%
	滿 30,000 日圓	7%
KoKuMiN コクミンドラッグ	滿 10,000 日圓	3%
	滿 30,000 日圓	5%
AKAKABE アカカベ	滿 10,000 日圓	3%
	滿 30,000 日圓	5%
	滿 50,000 日圓	8%

百貨公司折價券特輯

> 不讓藥妝店搶走所有客人，日本百貨公司也推出觀光客專屬折價優惠。
> 不同於藥妝店優惠券是結帳前才出示，百貨公司的優惠券需要購物前就先到
> 免稅中心兌換唷，並且需要出示護照＋優惠券頁面（手機截圖即可），兩者
> 皆具備即可兌換。因為百貨公司購物的金額通常較高，所以利用免稅＋優惠
> 也可以省下不小一筆喔，建議大家多多利用～

如何獲得優惠券？

掃描此 QR Code 直接下載最新優惠券

優惠券

優惠券如何使用？

依各家百貨公司指定方式使用。多數百貨公司須自行前往櫃檯兌換優惠券，少部分
則直接在櫃檯開啟優惠券圖檔供店員掃描即可。（詳細使用方式請掃上方優惠券
QR Code）

百貨公司優惠一覽表

店家	消費額度	優惠	優惠利用效期	注意事項
大丸百貨 DAIMARU	滿 3,000 日圓	95 折	期限內可重複使用	無須先兌換優惠券
松坂屋百貨 MATSUZAKAYA	滿 3,000 日圓	95 折	期限內可重複使用	無須先兌換優惠券
池袋東武百貨 TOBU	滿 1,000 日圓	95 折	優惠券可用 7 日	僅限現金支付
新宿京王百貨 Keio	滿 3,000 日圓	95 折	期限內可重複使用	僅限訪日遊客使用
小田急百貨新宿店 ODAKYU	滿 1,000 日圓	95 折	期限內可重複使用	僅限現金支付
松屋銀座 MATSUYA GINZA	不限金額	95 折	僅限兌換當天	針對 5 間銀行卡友： ①玉山銀行 ②華南銀行 ③永豐銀行 ④台北富邦銀行 ⑤台灣樂天信用卡
三越百貨 MITSUKOSHI	滿 3,000 日圓	95 折	海外顧客貴賓卡可用 3 年	三越伊勢丹集團旗下百貨皆可使用
伊勢丹百貨 ISETAN	滿 3,000 日圓	95 折	海外顧客貴賓卡可用 3 年	三越伊勢丹集團旗下百貨皆可使用
西武・SOGO 百貨 SEIBU・SOGO	滿 1,000 日圓	95 折	優惠使用不限次數	須於指定店鋪使用
高島屋 Takashimaya	滿 3,000 日圓	95 折	優惠卡可用 1 個月	JR 名古屋高島屋無法使用此優惠
丸井百貨 O1O1	結帳時出示悠遊卡或悠遊聯名卡	95 折	優惠使用不限次數	用現金付款或用聯名卡付款都可以
	結帳使用 JCB 卡	95 折	優惠使用不限次數	須用 JCB 卡支付全額
	使用中國信託發行的信用卡	9 折	優惠使用不限次數	
阪急百貨 / 阪神百貨 HANKYU／HANSHIN	不限金額	95 折	優惠券可用 7 日	
近鐵百貨 Kintetsu	滿 2,000 日圓	95 折	優惠使用不限次數	無須先兌換優惠券

日本飯店特輯

每回去日本，都一定要做的功課，就是「飯店」。日本服務業的品質基本都在水準之上，就算是住到小的商務旅館或早期的飯店，雖然硬體比較復古，但也一定都是乾乾淨淨。日本飯店在市場的定位明顯區分為幾種：商務飯店、溫泉飯店、公寓式飯店、自助式飯店、高級飯店等。來分享幾間我特別喜歡或是印象比較深刻的給大家參考！

商務飯店

01　SUPER HOTEL

全日本皆有分館的知名商務飯店，早期以提供免費早餐和價格便宜聞名，近期因為開設許多高級分館，部分分館改為早餐需另外收費，房價也比前幾年貴許多。不過飯店本身品質維持得很好，服務人員也都訓練有素、親切有禮，仍然受多數旅客歡迎。

特色
- 無房卡系統，以密碼輸入進房，離開時不須退房，也不怕掉卡。
- 提供多種枕頭，扁的、厚的都有，可針對適合自己的來挑選。
- 部分分館有提供大浴場，可以在寬敞的空間泡澡很舒服。
- 所有客房進入時都需脫鞋，門口地墊上有設計除菌、消毒空間。

價格　平均日幣 8,000 ～ 15,000

推薦分館　銀座、錦糸町、濱松町、東京站。

介紹文

官網

02 相鐵 FRÉSA INN

這間也是我個人非常愛住的一間日本飯店，熱門城市也都有很多分館可選擇。很喜歡他們內部裝潢偏向明亮的色調，住起來舒適不壓迫，大多分館也都交通很方便，距離車站約 5 分鐘內會到。飯店本身有分級別，預訂時可再留意一下，有些分館價格較高喔！

💡 **特 色**
- 目前全館都不收現金，只能刷卡付款喔。
- 透過官網預約訂房，入住後一晚會退日幣 500 現金，以此類推。
- 有女性專屬房型，提供蒸臉器、電棒捲、高質感吹風機等。
- 提供可連通房型，一家四口入住可兩間連通，方便多人使用。

💲 **價 格**　平均日幣 10,000 ～ 15,000

🏠 **推薦分館**　錦糸町、銀座、大門站前。

介紹文　　　官網

03　VIA INN

這家是 JR 西日本旗下的平價飯店系列，過去在西日本比較常見他們的分館，但疫情後發現東京也多了很多新館，而且地點好，價格也很有競爭力，值得介紹給大家。我對 VIA INN 的印象就是它的房間都不小，上回住新宿分館，因為房間非常方正，中間有超大空間，不要說放行李了，連想跳舞都不是問題～哈哈哈！

特　色
- 房內空間大，我住過的分館幾乎都很好打開行李箱，非常棒。
- 部分分館提供免費半自助式早餐，可選一道主菜，其他採自助取餐。
- 地點位置通常不錯，距離車站都不會太遠。

價　格　平均日幣 8,000 ～ 12,000

推薦分館　新宿、人形町。

介紹文　　官網

04 COMFORT HOTEL

隸屬全球飯店集團 CHOICE 旗下，飯店管理得很好，提供免費早餐，色系明亮。除了東京以外，其他二線或三線城市也都會有 Comfort Hotel 的分館可以住，因為是集團式統一管理，所以基本提供的房型、備品、服務都有一定水準，也是我經常光顧的飯店。

 特 色
- 12 歲以下小孩一起入住，不加床不加錢（提供備品及早餐）。
- 提供免費早餐（部分分館需加價購買）。
- 大廳備有迎賓飲品給房客享用。
- 可向飯店租借分散側睡壓力的腿枕。

 價 格　平均日幣 8,000 ～ 15,000

 推薦分館　東日本橋、神田。

官網

公寓式飯店

 ## 01 東急 STAY

房間普遍比一般商務的大一些，因為有洗衣機和微波爐，對於長住旅客來說很實用，就不用帶太多衣服，隨時想吃東西也能自己加熱。不過房價偏

高一些，有預算考量的話這間可能
就不太適合，但我很推薦有帶小孩
的家庭去住，多些設備會便利許多。

 特 色
● 房內備有洗衣機和微波爐，方便房客更舒適的使用。
● 客房空間都不小，比一般商務飯店再大一些，更為舒適。
● 地點都位在很方便的地方，交通上不會太麻煩。

 價 格　平均日幣 15,000 ～ 25,000

 推薦分館　銀座、新橋、五反田。

官網

02　Minn

近期新竄出的公寓式飯店品牌，在東京、大
阪、京都、金澤都有分館。以附帶小廚房的
型態為主，可容納 2 ～ 4 人，除了有廚房，
也有個小客廳，住起來比一般飯店更舒服、
更有家的感覺。不過地理位置就離車站較遠
一些些，不像飯店直接在大馬路上，這些公
寓式飯店通常在小巷中，距離車站約 8 ～
15 分鐘左右路程唷！

 特 色
● 附帶小廚房，想自己做吃的沒問題。
● 相較房間小的飯店，這裡可以容納
　一家人入住。

價 格　平均日幣 18,000 ～ 25,000

 **推薦分館**　日本橋、上野。

介紹影片　官網

129

03 MIMARU

目前最出名的公寓式飯店，以房內空間大為主要強打特色，可容納 4 人住宿。廚房的大小也比一般的再大一些，對於想在日本超市狂買的朋友非常適合，在這裡的廚房想弄個四菜一湯不是問題。客廳的比例也更大一些，一家人坐在一起看電視很適合哨！最推薦家裡有小朋友或長輩的人來住，這個空間感住起來最舒服，一家子都能玩得很開心！

 特 色
- 提供 4 人住宿，床鋪大小都正常尺寸，睡起來舒服。
- 廚房空間較大，想炒菜、煮火鍋都不是問題。
- 房內空間大，行李也比較好開，一次打開三個很 OK。

$ 價 格 平均日幣 35,000～50,000

推薦分館 八丁堀、錦糸町、赤坂、上野。

介紹文　　　官網

自助式飯店

 01　Rakuten STAY

樂天集團也推出自助式的飯店，有部分一棟式建築住起來超舒適，有臥室、客廳、廚房，甚至遊戲間，入住和退房都使用屋內平板辦理。房間不會每天打掃，需要自己將垃圾拿出來到門外放置，有點像住在東京的感覺，而不只是住在飯店，不同的體驗。

 特 色
- 自助式 Check-in，來去都自由自在。
- 大門是密碼鎖，無需帶房卡，房內可以上鎖。
- 像住宅一樣，無人打掃，需每天自行將垃圾放門口。

 價 格　平均日幣 8,000 ～ 12,000

 推薦分館　淺草。

介紹文　　　官網

02 変なホテル（Henn na Hotel）

世界首創推出機器人服務的飯店，有假人偶和恐龍，不同店會遇到的不同喔！記得這間飯店剛出來時很轟動，全世界媒體都爭相報導這間飯店的創舉，第一次有飯店把櫃檯門面換成恐龍，真的非常大膽又有創意！直到今天，目前還是沒有其他飯店像他們是利用機器人的方式，多數還是保留真人或直接採取無人形式，所以還是很值得一住。

 特 色
- 飯店櫃檯為機器人服務形式，與眾不同。
- 5 歲以下小朋友可以免費同住。
- 部分客房提供「LGstyler」衣物蒸氣除菌箱。

💲 價 格　平均日幣 12,000 ～ 16,000

🏠 推薦分館　淺草田原町、濱松町。

官網

這間是 OMO3 淺草

 03　OMO 系列飯店

OMO 系列飯店是星野集團旗下的飯店體系，主打提供市區觀光住宿，各家分館都選在地點方便的都市鬧區，房型大小與一般商務的類似，但提供許多只有 OMO 飯店才有的特色。像是大廳備有周邊逛街地圖，許多特色店家和餐廳都會標示出來提供給住客參考，並且各分館也都有輕食販售，隨時提供住客吃喝的選擇。

💡　**特　色**
- 鄰近鬧區車站，地點都很方便。
- 大廳備有周邊逛街地圖，可供遊客參考。
- 提供周邊導覽及免費的文化體驗（落語欣賞）。

💲　**價　格**　　平均日幣 20,000 ～ 25,000

🏠　**推薦分館**　　淺草、大塚。

介紹影片　　官網

高級飯店

01 AGORA 銀座

AGORA 是日本知名的飯店集團，在日本各地都有很棒的旅宿。銀座這間是東京都內其中一間，地點非常好，就在東銀座站旁，走路只要 2 分鐘，交通非常方便，附近生活機能也很好，買東西吃東西都很便利！最喜歡他樓上的超大市景房，客廳空間大到令人驚訝，沒想到銀座也有這麼大間的客房，重點是價格也不貴，非旺季約日幣 3 萬就能住到。

💡 **特 色**
- 日系氛圍濃厚，飯店裡裡外外都把日本文化發揮得很美。
- 房內布置質感很好，可以明顯感受到與商務飯店的質感差異。
- 頂樓的小花園露台令人放鬆，很適合與三五好友一起在那談天。

$ **價 格**　平均日幣 20,000 ～ 35,000

🏨 **推薦分館**　銀座。

介紹文　　　官網

02　浦安布萊頓東京灣飯店

前往東京迪士尼遊玩時的好選擇,只需搭一站即可,車站直通飯店,只需一分鐘即可到達,地點方便、房間也很大間。浦安布萊頓東京灣的建築物是半圓造型,圓弧形那面正好面向東京灣或迪士尼,前面沒有高樓遮蔽物,所以可以欣賞到很美的風景!飯店內有非常多好餐廳,上次在這吃的鐵板燒,主餐的龍蝦真是驚為天人的好吃!飯店往返迪士尼有接駁巴士,玩到晚上也不擔心沒車,而且回到飯店超快速,很快就能梳洗一番倒頭大睡。而且每間房內都配有腳部按摩機,玩一整天回來可以放鬆一下超棒的!

 特　色
- 與車站直通,沿著遮雨棚只要走一分鐘,帶行李來也超方便。
- 飯店對面有三間商場,眼前也有便利商店,便利性極佳。
- 房間又大又舒服,每間房都備有按摩機。
- 高樓層可眺望東京灣和迪士尼
  (天氣好或許能看到煙火)。

 價　格　平均日幣 9,700 ～

介紹文

官網

日本蔬食餐廳特輯

日本近年也很流行 VEGAN！以偏向蔬食或素食為主的餐廳越來越多了，而且很多間都生意很好，除了在地日本客之外，前來朝聖的歐美遊客也很多，這裡分享給大家我的清單。

01 GREEN BROTHERS

這個品牌的發祥地是紐約，以提供沙拉碗為主，整間店的主食都是蔬菜，但不是完全素食，因為也提供肉品和海鮮可搭配享用，目前在東京有 4 間分店，都集中在都會菁華區，惠比壽、大手町、麻布十番、青山一丁目。店內提供基本款 8 款沙拉碗，全部都是由不同蔬菜組成，每一碗都有自己的靈魂。價格大約落在日幣 1,300 ～ 1,500 左右。此外，也提供飲料和湯品讓大家搭配選用，我自己最愛的是經典款「GREEN BROTHERS」，裡面搭配的葉菜類都很好吃，並且加入照燒雞肉，吃起來飽足感很夠，而且我很愛他們的醬料，把整碗沙拉融合在一起，味道真的很棒，非常推薦大家試試！

Gmap　　官網

02　AIN SOPH.（アインソフ）

這家是日本在地的素食餐廳，2009 年創業，以提供 100% 素食為主，在東京和京都都有店鋪，我目前去過他們新宿店和銀座店，兩次吃到的食物不太一樣，但我都很喜歡。店內提供的餐點種類很多樣化，除了正餐外也有小點心和甜點，而且不用懷疑真的全部都是素的，不含蛋、奶、動物性素材，甚至也提供連五辛都沒有的素食和無麩質的餐點，菜單上都有標示，點餐時可留意一下店家的用心！另外，這裡有販售可以帶回家享用的甜點，像是玻璃罐裝的提拉米蘇、罐裝布丁、夾心三明治等，這些也都非常好吃，無法安排現場享用的話，也很推薦可以外帶個甜點回去嚐嚐！

Gmap　　　官網

03 CRISP SALAD WORKS

CRISP SALAD WORKS 跟前面文章介紹的 GREEN BROTHERS 有點類似,也是以沙拉碗的餐點形式呈現,他們的願景更大一點,是以翻轉日本外食文化為訴求展開的,很厲害!確實,有去日本玩過的人都會發現,在日本外食能吃到的蔬菜少得可憐,相信長期在日本居住的人一定更有感,也難怪他們會提出改變日本外食文化的口號。CSW 的沙拉碗選擇更多,有 15 種,而且也是每碗都很有主題,豐富得像一幅精采的畫一樣。目前他們在東京有 22 間店,想試試看的朋友可以很容易找到分店唷!

Gmap 官網

04 KOMEDA is ☐

從名古屋開始推廣到日本全國的客美多(KOMEDA),現在台灣也有很多間分店,以往他們展店的重心以愛知和關西一帶為主,近幾年也慢慢移動到關東地區,這幾次到東京就看到好多間客美多咖啡廳。不過,這裡分

享的這間與其他客美多不同，是綠色招牌主打「VEGAN」（素食）的分店，店裡所有餐點都是素的喔，漢堡和甜點都是素的，完全打翻我們對客美多的既定印象。餐廳內的裝潢也很特別，放置了很多綠色植物，打造在森林中用餐的感覺！這裡也是以平板點餐唷，而且有中文可以看，超貼心！讓我比較意外的是，我發現來這間店的男性客人比女性還多，滿有趣的。

Gmap　　　官網

05 Brown Rice by Neals' Yard Remedies

隨著日本吃素人口上升，日本的有機餐廳也越來越多，現在甚至還有很多是有機品牌開的素食餐廳呢！像這家 Brown Rice 就是英國知名有機保養品牌 Neals' Yard Remedies 在日本開設的有機餐廳。地點在表參道巷內，整體環境非常舒服，餐廳內布滿植栽，很像到花園裡吃飯的感覺。不過這家餐廳的餐點選擇就沒那麼多，主要推薦的是蔬菜咖哩，味道還滿不錯的，吃飽後還送上一杯有機茶，整個暖心又暖胃。雖然在餐點的選擇上比較受限，但因為交通方便，又鄰近大家逛街的地方，所以我也很推薦喜愛素食的朋友來這裡嘗嘗味道唷！

Gmap　　　官網

06 Mr. FARMER

這是一間強調與日本全國各地農家合作以提供蔬食為主的餐廳，所以蔬菜來源都是在地且令人安心的，很適合喜歡吃蔬菜的朋友。不過店內不是完全提供全素，也有供應非素食，挑選時可以留意菜單上的說明，都標示的非常清楚。在這家店內只要列為「VEGAN」（全素）的餐點，就完全不使用動物性來源、肉魚蛋奶和蜂蜜也不會有，甚至強調不使用白砂糖！我覺得這訴求非常特別，也很佩服他們的堅持，每次進到店內用餐，都覺得感受到店家的用心，菜單時常更新，怎麼吃都吃不膩。目前在日本有5間店鋪，都是在滿方便的地理位置，有兩間開在OUTLET中，血拼時也能吃到很棒的蔬食唷！

Gmap　　　官網

07　WE ARE THE FARM

這間也是強調從農場直接到餐桌的有機餐廳，不是提供素食餐點，不過店內的所有食材都是店家本身自栽自種、自採，也不使用化肥，最後還自己運送到餐廳來的，完全一條龍經營的餐飲型態。這樣的好處是，來源真的很令人安心又放心，知道自己吃的是哪裡種出來的東西，而且餐廳本身也抱持著想提供最好、最新鮮食材的心來供應美食，真的很棒啊！我去餐廳吃過幾次，除了能吃到食材的新鮮，也料理的非常美味，都是簡單用鹽巴、胡椒直接提出蔬菜的鮮甜，完全不會覺得怎麼都是蔬菜，反而會一吃再吃、停不下來。他們在東京有6間店，非常推薦大家找機會去試試！

Gmap

官網

08 T's たんたん (T's Tantan)

東京的蔬食餐廳很多，但提供素食拉麵的店則很少，而 T's Tantan 是其中最有名的一間。因為店鋪在東京車站內，非常方便，所以我吃過很多次，當然也因為他非常好吃。其實這間店的本店在自由之丘，提供不使用魚肉蛋奶的披薩和義大利麵等，而東京車站這間則以胡麻風味的素食拉麵為主。想起第一次吃 T's Tantan 的時候，真的第一口就超驚豔，素的拉麵怎麼這麼好吃，後來推薦給很多台灣朋友，大家也都很喜歡，超合台灣人口味阿！不過他是五辛素喔，不吃五辛的話可能就只能吃甜點……這裡的甜點也一樣都是素食，可以放心大口吃。他們還有賣杯裝的素泡麵，也可以買回來吃吃看喔！

Gmap　　官網

09 Cosme Kitchen Adaptation

這間餐廳是以有機食材為主，非主打素食，所以店內也有海鮮和肉類料理，如果家人或朋友不是吃素的話，可以一起來這間，兩人都有好選擇！ Cosme Kitchen Adaptation 堅持提供最好的食材，並秉持著對環境友善的理念來提供餐點，店內的素食都會標示 VEGAN，此外「無麩質料理」也有特別

Gmap　　官網

標示 GLUTENFREE，對小麥會過敏的朋友也非常推薦來這裡唷！我點了他們最經典的綜合菜飯，裡面的蔬菜都好好吃，只加一點調味就很美味，而且吃得出食材的新鮮和甜味。地點非常方便，就在澀谷 Hikarie 百貨 7 樓，澀谷逛街後來這裡飽餐一頓非常理想！價位大約是一份日幣 2,000 上下，提供大家參考。

10　8ablish

來推薦一下素食的甜點店！這家位在麻布台之丘的素食餐廳，提供非常多厲害的甜點！與一般素食餐廳不同，這裡的招牌特色就是甜食，有蛋糕、布丁、冰淇淋、瑪芬、餅乾等，對於喜歡甜食、但礙於蛋奶材料的朋友來說，非常友善。我非常推薦他們的布丁，雖然因為無蛋使得口感與一般布丁完全不同，但軟綿的質地也讓我很喜歡，而且吃得到食物的原味。他們的冰淇淋也非常推薦，完全純素，口味非常多元，有草莓、巧克力、檸檬、藍莓優格和羅勒！是不是很特別 ?! 推薦吃素的朋友來嘗嘗。

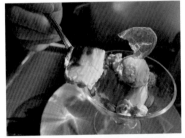

Gmap　　　官網

143

日本有機保養品特輯

> 想找有機保養品的朋友，真的很推薦你到日本看看，超多品牌可以挑選，而且很多都是百貨公司內有的專櫃，雖然不一定是我們聽過的牌子（事實上，台灣有賣的日系有機保養品牌不多）但其實這些有機保養品在日本都很熱門，銷量也完全不輸百貨公司一樓的知名大品牌唷！

01 SHIRO

起源自北海道的有機保養品牌「SHIRO」，幾年前剛推出時就造成話題，在北海道當地也引起一股購買旋風，強調以天然素材為主要來源，無多餘添加物，也不含防腐劑等，適合全膚質使用，連敏感脆弱的肌膚也都很 OK ！

一開始接觸這牌子時真的很驚豔，很多品項的主要成分都是食材，像是米糠、昆布、亞麻、蘆薈、柚子等，這些都是自然界最天然的保養成分，可以吃的東西，拿來保養當然也沒問題。非常推薦他們的昆布美容液，滋潤度真的很棒，吸收後完全不黏膩，又清爽又保水！我也很推薦他們在自由之丘開的咖啡廳，提供天然食材的健康餐點，可以邊逛邊滿足五臟廟唷！

官網

02　naturaglacé

日本媽媽界人人必備的有機化妝品就是「naturaglacé」，這牌子在日本深耕多年，以有機成分化妝品著稱，100% 使用天然成分原料，讓媽媽們就算抱著小寶寶也不擔心，這點對於不化妝就無法出門的日本女生來說超讚，有孩子也還是能維持漂漂亮亮的。

「naturaglacé」全系列採用植物系來源，強調不使用石油系界面活性劑、礦物油、色素、合成香料、Paraben、矽、紫外線吸收劑。他們有自己的農場，使用有機 JAS 認證自家農場種植的植物原料，一般美妝品常用的礦物油也改用植物油，適合孕婦或哺乳中的媽媽們使用。我很愛用他們的防晒隔離乳，除了抗紫外線外還可以抗藍光，很厲害。推薦大家有機會可以靠櫃試用看看。

官網

03　MARKS & WEB

已經成立 23 年的「MARKS & WEB」其實是松山油脂旗下的子品牌，以販售日用品為主，最知名的特色商品就是「肥皂」！他們的肥皂都是採用植物來源的天然成分製作，提供對環境保護又對人體安全的商品，所以一推出就廣受好評，並持續熱賣超過 20 年。他們的肥皂都是由職人在富士河口湖的工廠製作生產的，採用富士山的伏

流水，並透過嚴格的品質管理，生產出一顆顆天然又好用的肥皂！我超愛用他們家的肥皂，每款顏色都是自然植物精油的色澤，洗起來不乾澀，那種自然的淡淡香味真的很棒！我推綠色蘆薈萊姆款和黃色葡萄柚尤加利葉款，兩個都很讚！

官網

04 **BAUM**

整體視覺以「樹木」為主的 BAUM，是日本資生堂旗下的新品牌，全系列主打有機，感謝樹木與我們共生，並期許將樹帶給這個世界的恩惠，傳遞給世上的人們。包裝設計的非常有質感，將商品與木質融為一體，每一款商品拿在手上都多了自然的溫潤感，彷彿能感受與大地的結合。目前的品項包含肌膚保養、香氛、身體保養等，在全日本共有 15 間直營門市，從北海道到九州都有店鋪，還滿好找到的，東京就好幾間都在百貨公司內，像是伊勢丹新宿店、西武池袋店、澀谷 Hikarie 等。有興趣的朋友，建議可以從洗面乳和洗臉凝膠試試，用起來會有做森林浴的感覺唷！

官網

05　OSAJI

近期越來越紅的「OSAJI」也是主打天然有機的保養品牌，全系列根據皮膚科學來開發，製作出敏弱肌也適用的有機保養品，品項也從臉部延伸到身體、髮品、口腔保健甚至是美妝系列。OSAJI 的商品設計都非常簡約，呈現日系質樸的風格，包裝的尺寸到顏色都讓人看了也覺得很舒服！他們有一款非常特別的商品是「半熟肥皂」，有別於一般塊狀硬質地的肥皂，這款半熟肥皂是裝在玻璃瓶內的，有點像果醬那樣，裡面的肥皂也偏軟，分為兩層，所以稱為半熟肥皂，每次要用時挖取出一點點，混合些水分搓出泡沫就能使用，泡沫非常細緻，毛孔可以洗得超乾淨，而且洗起來非常保濕，推薦大家可以用用看這款很特別的洗臉皂。

官網

日本百貨公司
退稅手續費整理

> 日本各大百貨公司的退稅手續費都不同，這邊幫大家統整了東京幾間百貨公司的退稅手續費，一目瞭然，給大家參考比較！

簡單來說，目前不收手續費的百貨公司如下：

不收手續費

- 池袋東武百貨（TOBU）
- 小田急百貨（ODAKYU）
- GINZA SIX（GSIX）
- PARCO
- 澀谷 Hikarie

不收手續費＋提供外國人優惠

- 池袋東武百貨（TOBU）
- 小田急百貨（ODAKYU）

存到手機裡

介紹文

日本百貨公司退稅手續費一覽表

各大百貨公司	退稅手續費	外國人優惠
池袋東武百貨（TOBU）	無手續費	有
LUMINE	1%	沒有
高島屋 （Takashimaya）	1.55%	有
GINZA SIX（GSIX）	無手續費	沒有
PARCO	無手續費	沒有
東京車站一番街	2.1%	沒有
西武・SOGO 百貨（SEIBU・SOGO）	1.55%	有
小田急百貨（ODAKYU）	無手續費	有
丸井百貨（O1O1）	1.55%	有
東京晴空街道（TOKYO Solamachi）	1%	沒有
松屋銀座（MATSUYA GINZA）	1.54%	有
澀谷 Hikarie	無手續費	沒有
三越百貨（MITSUKOSHI）	1.55%	有
伊勢丹百貨（ISETAN）	1.55%	有
大丸百貨（DAIMARU）	1.55%	有
松阪屋（MATSUZAKAYA）	1.55%	有
京王百貨（Keio）	1.50%	有

Chapter **8**

旅遊實用小知識

搭乘新幹線
行李該放在哪？

搭 JR 新幹線（九州～東京）帶大行李需事先預約專用座位「大行李放置處附帶席」。

一般來說，一節車廂只有 5 個這樣的座位，通常是最後面的位置，以往搭車帶大行李搭新幹線，不少人都會直接把行李放在這個空間，但現在規定有改，已經不能隨意放置大行李。因為這有可能是別人已經預定好的座位，需要使用這位置的話就要事前先預約喔！

預約附帶大行李的新幹線座位，是免費的，但須提前預約，沒先預約就利用可能被收 1,000 日幣。如果沒有遇到站務員沒被收費用，那只是剛好沒遇到，建議不要僥倖違規使用，請大家依照規定喔！

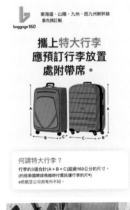

介紹文

備註

官方說，行李三面總長 160 公分以下，可以不需預約此座位。但我建議太大的行李箱也不要放在頭上的行李空間，因為通常行李都很重，舉起來沒拿好很容易砸到人，而且萬一掉下來，也是後果不堪設想，大家請多多發揮同理心替其他乘客著想喔！

「空手旅行」正夯：
寄送行李小祕訣

> 希望旅客能夠更輕鬆的遊玩，一到日本就不被行李拘束，不用先到飯店放行李，也不需沿路找置物櫃，目前日本正大力推廣一下機就開始「空手旅行」（Hands Free Travel）推出各種方便旅客的寄放與寄送行李的方式……

01　從機場寄送行李到飯店？

目前日本正大力推廣一下機就開始「空手旅行」（Hands Free Travel），所以也有幾間物流業者在機場提供寄送行李到飯店的服務，像是宅急便和JALABC。主要用意是希望旅客能夠更輕鬆的遊玩，一到日本就不被行李拘束，不用先到飯店放行李，也不需沿路找置物櫃。特別是帶小朋友的父母，又要推小孩又要推行李，非常適合先把行李拿去宅配，就只要顧小孩就好。不過，如果希望當天送達飯店，需要在當天中午 12:00 前將行李交給物流業者才行，超過 12:00 就會隔天才到，想利用的朋友請多留意，如果住宿會換飯店的話就不太適合喔！寄送行李的價格依尺寸而有不同，我 28 吋的行李箱寄送是日幣 2,400。提供給大家參考！

介紹文

02 哪邊可以把行李放過夜？

- 《東京站》BAGGAGE STORAGE +

東京車站內有個行李寄放處，可以過夜寄放行李，一咖行李箱三邊長總計 160 公分內，放置一天的費用是日幣 700，161 ～ 200 公分的費用為日幣 1,000。如果是寄放樂器、滑雪板、腳踏車、娃娃車、釣竿，費用是日幣 1,400。每天早上 9:30 營業至晚上 20:00，超過時間就會累計多一天費用喔，最多可以放置 30 天。

Gmap

- 《澀谷站》ワンダーコンパス渋谷
  （Wandercompass）

澀谷站也有個旅客服務中心，可以過夜寄放行李，地點在站內 A3 出口對面，每天早上 10:00 營業至晚上 20:00，放置一天的費用也是日幣 700。

Gmap

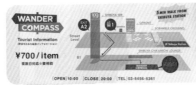

03 關於日本的寄物櫃

日本的車站有個特色，就是寄物櫃非常多！而且不只是多，它還滿滿滿！真的不是只有我在說，身邊朋友都有相同的經驗，只要超過中午時間想在各車站周邊找寄物櫃，通常就是一位難求！日本人愛用寄物櫃的比例真的很高啊～ 一般來說，寄物櫃分成幾種，收費方式有「計次收費」和「計時收費」，依照尺寸大小不同，價格也有所不同，小（400 円）、中（500 円）、大（700 円），通常 700 円就是最多，但也有些地方針對大行李是收 900 円喔！支付方式通常有現金、交通卡，也有少數機器可對應信用卡支付。

如果你的行李太大或屬於特殊尺寸（如胖胖箱），建議找有管理人員的「お預かりサービス」，這種類型的寄物就不需放入櫃子中，尺寸上比較自由喔！

提供幾個寄物櫃網站給大家參考：

- コインロッカーなび

- ecbo cloak（エクボクローク）

- To Locca

2024 全新出發，我愛東京旅遊失心瘋（全日本也適用）

作　　　者／Vera
美 術 編 輯／申朗創意
企畫選書人／賈俊國

總　編　輯／賈俊國
副 總 編 輯／蘇士尹
編　　　輯／黃欣
行 銷 企 畫／張莉滎、蕭羽猜、溫于閎

發　行　人／何飛鵬
法 律 顧 問／元禾法律事務所王子文律師
出　　　版／布克文化出版事業部
　　　　　　台北市中山區民生東路二段 141 號 8 樓
　　　　　　電話：(02)2500-7008 傳真：(02)2502-7676
　　　　　　Email：sbooker.service@cite.com.tw
發　　　行／英屬蓋曼群島商家庭傳媒股份有限公司城邦分公司
　　　　　　台北市中山區民生東路二段 141 號 2 樓
　　　　　　書虫客服服務專線：(02)2500-7718；2500-7719
　　　　　　24 小時傳真專線：(02)2500-1990；2500-1991
　　　　　　劃撥帳號：19863813；戶名：書虫股份有限公司
　　　　　　讀者服務信箱：service@readingclub.com.tw
香港發行所／城邦（香港）出版集團有限公司
　　　　　　香港九龍九龍城土瓜灣道 86 號順聯工業大廈 6 樓 A 室
　　　　　　電話：+852-2508-6231　　傳真：+852-2578-9337
　　　　　　Email：hkcite@biznetvigator.com
馬新發行所／城邦（馬新）出版集團 Cité (M) Sdn. Bhd.
　　　　　　41, Jalan Radin Anum, Bandar Baru Sri Petaling,
　　　　　　57000 Kuala Lumpur, Malaysia
　　　　　　電話：+603- 9057-8822　　傳真：+603- 9057-6622
　　　　　　Email：cite@cite.com.my
印　　　刷／卡樂彩色製版印刷有限公司
初　　　版／2024 年 1 月
定　　　價／450 元
Ｉ Ｓ Ｂ Ｎ／978-626-7431-16-0
Ｅ Ｉ Ｓ Ｂ Ｎ／978-626-7431-15-3（EPUB）

城邦讀書花園　布克文化
www.cite.com.tw　WWW.SBOOKER.COM.TW

MINON®
Amino Moist

長年研究敏感肌的日本藥廠研發
蜜濃氨基酸滋潤保濕系列

長效保濕．最持久[※]的保濕乳霜
水潤修護霜

全 新 登 場

蜜濃台灣

MINON官方粉絲團　　　MINON官方IG